Johann B.J.F.S. Archduke of Austria

**Erzherzog Johann und Dr. Lorenz Chrysanth Edler v. Vest**

Johann B.J.F.S. Archduke of Austria

**Erzherzog Johann und Dr. Lorenz Chrysanth Edler v. Vest**

ISBN/EAN: 9783337310165

Printed in Europe, USA, Canada, Australia, Japan

Cover: Foto ©ninafisch / pixelio.de

More available books at **www.hansebooks.com**

# Erzherzog Johann und Dr. Lorenz Chrysanth Edler v. Vest.

### Mit Briefen des Erzherzogs.

##### Von

#### Franz Ilwof.

Das Geschlecht der *Vest* stammt aus Südtirol, wo jetzt noch mehrere Familien, welche sich *Vesti* schreiben, vorkommen.[1] *Johann Georg Vest* (geboren am 30. Mai 1676, gestorben am 26. Mai 1743) diente bei Beginn des spanischen Erbfolgekrieges unter den Tiroler Freiwilligen im Kampfe gegen Franzosen und Baiern so ausgezeichnet, dass er in den gleichzeitigen Kriegsberichten mehrmals rühmlichst genannt wurde; 1704 liess er sich als Apotheker in Lienz im Pusterthale nieder, erwarb 1712 Haus und Grundstücke, 1715 das Bürgerrecht und wurde 1717 zum Magistratsmitgliede erwählt. Aus seiner Ehe mit *Marianna Susanna Gaggers von Gaggersheim zu Rohr* ging als jüngster Sohn Lorenz Chrysanth (geboren zu Lienz am 21. October 1720) hervor, der sich dem Studium der Medicin widmete, 1746 zum Landschaftsphysicus in Klagenfurt ernannt wurde, in hervorragender Weise als Arzt und für die Verbesserung der sanitären Verhältnisse von Klagenfurt wirkte; 1773 wurde er zum Protomedicus von Kärnten und Sanitätsreferenten bei der Landesstelle ernannt, 1780, „weil er nämlich von dem Jahre 1753 an als wirkliches Mitglied der Wiener medicinischen Facultät und landschaftlicher Physiker und Assessor bei der Sanitäts-Commission gestanden habe, seit 1773 die Stelle eines landeshauptmannschaftlichen Rathes und Protomedicus, dann seit 1780 jene eines Leib-

---

[1] Wurzbach, Biographisches Lexikon des österreichischen Kaiserstaates. 50. Theil (Wien 1884), S. 212—223.

arztes der Erzherzogin Maria Anna mit bestem Erfolge
bekleidet. bei epidemischen Krankheiten, sowohl beim Civil als
Militär, bei Viehseuchen auch unentgeltlich sich gebrauchen
lasse" von Kaiser Josef II. durch Diplom de dato Wien den
20. April 1780 „mitsammt allen seinen ehelichen Leibeserben
und deren Erbeserben männlichen und weiblichen Geschlechtes
absteigenden Stammes in den *Grad des Adels* erhoben und
ihm das Ehrenwort „*Edler von*" beigelegt". Er starb am
16. Jänner 1789.

Ein Sohn seiner dritten Ehe mit *Maria Anna*, geborenen
*Egger*, war *Lorenz Chrysanth*, geboren zu Klagenfurt am
18. December 1776 und dieser ist es, welcher zu Erzherzog
Johann in nahe Beziehungen gelangte und an den die Briefe
des kaiserlichen Prinzen, welche am Schlusse mitgetheilt
werden, gerichtet sind.

*Lorenz Chrysanth Edler von Vest* [2] (der jüngere) studierte
an den Gymnasien zu Klagenfurt und Salzburg und besuchte
sodann die Collegien am Lyceum und an der chirurgischen
Lehranstalt seiner Vaterstadt; hier schon war es, dass der
berühmte Botaniker Franz Xaver Freiherr von Wulfen in ihm
die Lust zum Studium der Botanik weckte. Nach Vollendung
der philosophischen Studien im Herbste 1795 bezog er die
Universität zu Wien, um die Studien an der medicinischen
Facultät fortzusetzen. October 1797 reiste er mit seinem
Landsmann und Freunde *Johann Berger* nach dem damals noch
österreichischen Freiburg im Breisgau, wo er am 6. März 1798
die medicinische Doctorwürde erlangte. Der Aufenthalt in der
Nähe der Grenzen des revolutionären Frankreich wirkte auf
den jungen Mann derart ein. dass er, wie es scheint, von
ähnlichen Ideen erfüllt wurde und diesen in einem Gedichte
Ausdruck gab. Die vier prägnantesten Strophen dieses Freiheits-
liedes. das übrigens von Vest's poetischer Begabung günstiges
Zeugnis gibt. lauten :

    [2] Wurzbach a. a. O. S. 215—222. — Macher, Dr. Lorenz Chrysanth
Edler von Vest. In „Vierter Jahresbericht des Vereines der Aerzte in
Graz". 1867. S. 17 -48.

Frech schachert die Chikane bei Gerichte
Mit Haus und Hof und Waisengut,
Und mästet mutterfrömmlich das Gezüchte
Der Schurken mit dem Bürgerblut.

Der Tugend Wappen ist nunmehr zerbrochen,
Die Weisheit eitles Hausgeräth,
Verdammnis ist dem Manne zugesprochen,
Der stolz mit hehrem Haupte geht.

Nur bunte Raupen kriechen in den Würden
Und nisten sich gemächlich ein;
Die Brut gedeiht und für des Staates Bürden
Mag „der Gemeine" Träger sein.

Erwache Deutschland! Schlummre nicht, erwache!
Auf! rüste dich mit Jugendkraft,
Umgürte stolz dich mit dem Schwert der Rache,
Beweise deine Götterkraft.

Ein zweites Gedicht Vest's aus dieser Zeit hat den
Titel: „Dauer oder Vergehen"; sein Inhalt ist eine philosophisch-
physiologische Reflexion über Sein oder Nichtsein nach dem
Tode; er las diese poetische Phantasie in einer Gesellschaft
vor, das wurde ruchbar, er der Polizei verdächtig und bald
nach seiner Rückkehr in Wien verhaftet. Wahrscheinlich fand
man unter seinen Schriften auch das oben erwähnte Freiheits-
gedicht. Wie grausam derartige Aeusserungen gegen die allein-
herrschende Religion und gegen die Regierungsprincipien der
Machthaber damals geahndet wurden, zeigt das traurige
Schicksal Vest's. Nach peinlicher Untersuchung wurde er auf
lebenslang als gemeiner Soldat zum Militär abgestellt, in das
kärntnerische Infanterieregiment Freiherr von Schröder Nr. 26
eingereiht und marschirte zu diesem nach Italien auf den
Kriegsschauplatz. Sein hartes Loos wurde ihm dadurch
erleichtert, dass er durch Vermittlung seines Schwagers
Schmelzer, der als Hauptmann im Regiment diente, als Arzt
im Militärspitale zu Treviso verwendet wurde; als solcher
machte er die Schlacht bei Magnano (5. April 1799) und
die Belagerung von Mantua mit. Den unablässigen Bemühungen

seiner Schwester *Marie* und dem Wirken einflussreicher Freunde
gelang es nach drei Audienzen bei *Kaiser Franz*, die Entlassung
des jungen Doctors aus dem Militärdienste zu erwirken. Er
begab · sich (1800) nach Klagenfurt, wo er in Kürze als
praktischer Arzt eine erfolgreiche Thätigkeit entfaltete, welche
so grosse Anerkennung fand, dass er am 27. August 1807
vom Kaiser zum Professor der theoretischen und praktischen
Medicin an der medicinisch-chirurgischen Lehranstalt in
Klagenfurt ernannt wurde. Obwohl er in dieser Stellung durch
die Vorträge über Physiologie, Pathologie, Arzneimittellehre
und specielle Therapie, sowie durch die klinisch-praktischen
Uebungen am Krankenbette und durch die pathologischen
Untersuchungen und Demonstrationen ausserordentlich in
Anspruch genommen wurde, gleichzeitig als Primararzt im
Krankenhause, als Armenarzt und als Leiter aller Versorgungs-
anstalten der Stadt, sowie während der Kriegsjahre 1805
und 1809 in den Militärspitälern wirkte, so pflegte er doch
gleichzeitig sein Lieblingsstudium, die Botanik, sammelte
eifrigst Pflanzen, bestimmte und ordnete sie.

Nachdem *Erzherzog Johann* 1811 das Joanneum in Graz
gegründet hatte, bewarb sich *Vest* um die daselbst errichtete
Lehrkanzel der Botanik. Nach dem Wortlaute des kaiserlichen Erlasses, die Ausschreibung dieser Stelle betreffend,
sollte ein Ternavorschlag erstattet werden;[3] der ständische
Ausschuss brachte aber *Vest* wegen seines ausgezeichneten
Rufes im In- und Auslande und weil der Erzherzog die vollkommen entsprechende Qualification des Bewerbers verbürgte,
allein in Vorschlag; in derselben Eingabe (vom 19. Juli 1811)
bemerkte der ständische Ausschuss, dass Vest neben der
Lehrkanzel der Botanik noch jene der Chemie übernehmen
müsse. Die Studienhofcommission beanständete jedoch diesen
Vorschlag und verlangte die Vorlage einer Terna. Auf Verwendung des Erzherzogs aber erfolgte mit kaiserlicher
Entschliessung vom 22. Jänner 1812 die Ernennung *Vests*

---

[3] Göth, Das Joanneum in Gratz. Gratz 1861, S. 135—137.

zum Professor der Botanik und Chemie am Joanneum mit dem
Jahresgehalte von 1200 Gulden.

*Vest* übersiedelte im April 1812 nach Graz und eröffnete
am 23. November die Vorträge mit einer bemerkenswerthen
Rede über das Studium der Botanik und Chemie; diese
Lehrkanzel war die erste, welche am Joanneum errichtet
wurde und *Vest* war der erste Professor an diesem Institute.
Seine Vorlesungen wurden im ersten Jahre von 86 Zuhörern
besucht, unter denen sich viele distinguirte Persönlichkeiten
der Stadt befanden.

Am Joanneum wirkte *Vest* in hervorragender Weise durch
Erhaltung und Vervollständigung des botanischen Gartens,
durch Herstellung und Pflege der Herbarien, und förderte die
Wissenschaft durch zahlreiche botanische Excursionen und
durch die Entdeckung neuer Standorte der heimischen Pflanzenwelt. Wie sich aus den Briefen *Erzherzog Johanns* an *Vest*
ergibt, gab dieser die erste Anregung und leitete die weiteren
Schritte zur Erwerbung der reichen gräflich *Egger*'schen
Sammlungen für das Joanneum. Diese, aus einem ansehnlichen
Herbarium, einer grossen zoologischen Sammlung, einem ausgezeichneten Mineralien-Cabinette und einer kostbaren Bücher-
sammlung, meist naturwissenschaftlichen Inhalts bestehend,
hatte ihren Ursprung durch den Eifer und die Thatkraft
gefunden, welche *Wulfen* und *Sigmund von Hohenwart*, damals
Domherr und General-Vicar des Bisthums Gurk, später Bischof
von Linz, an den Tag gelegt hatten. Diese Männer hatten
sich durch eine lange Reihe von Jahren, mit Ausdauer und
mit ungemeinen Kenntnissen ausgerüstet, für die Naturgeschichte von Kärnten interessirt und ansehnliche Sammlungen
aus allen drei Reichen der Natur angelegt. Nach *Wulfen's*
Tod ging die ganze Sammlung an *Hohenwart* über, der sie
bei seiner Uebersiedlung nach Linz käuflich an *Franz Graf*
*von Egger*, Herrn und Landmann in Kärnten und Präsidenten
der kärntnerischen Landwirthschaftsgesellschaft, überliess; sie
wurde in dessen Landgut Lindenheim bei Klagenfurt aufgestellt und stand der allgemeinen Besichtigung und Benützung

offen. Aus den Briefen des *Erzherzogs Johann* Nr. 14 und 15 vom 27. Juli 1813 und vom 23. Februar 1814 ergibt sich, dass *Vest* den kaiserlichen Prinzen auf die Egger'schen Sammlungen aufmerksam machte und infolge dessen den Auftrag erhielt, bei dem Grafen dahin zu wirken, dass er seine wissenschaftlichen Schätze dem Joanneum überlasse; seine Bemühungen waren von dem schönsten Erfolge begleitet, *Graf Egger* entschloss sich zu dieser Schenkung, *Vest* und *Mohs*, der berühmte Mineraloge, reisten 1815 nach Klagenfurt, übernahmen die Sammlungen und brachten sie wohlverpackt in 55 Kisten in das Joanneum nach Graz. — Ausführliche Mittheilungen über *Vest's* Thätigkeit am Joanneum erstatten die gedruckten Jahresberichte dieses Institutes über die Jahre 1813 bis 1829. — Ausserdem wirkte er von 1821 bis 1834 in der Redaction der „Steiermärkischen Zeitschrift" mit.

Siebzehn Jahre war *Vest* am Joanneum thätig; während dieser Zeit gelang es ihm, durch seine geistige Anregung der Wissenschaft viele Freunde zu gewinnen und ausgezeichnete Schüler, namentlich in der Botanik, heranzubilden — wir wollen darunter nur den berühmten Naturforscher *Franz Unger* nennen. — Aber auch massgebenden Orts wurden *Vest's* Verdienste, sein Reichthum an Kenntnissen und seine Arbeitskraft anerkannt, was sich dadurch documentirt, dass er von der Professur am Joanneum zu einer höheren Stelle berufen wurde. Durch kaiserliche Entschliessung vom 27. October 1829 erfolgte seine Ernennung zum k. k. Gubernialrath, Landesprotomedicus und Sanitätsreferenten bei dem Gubernium in Graz. Bei seinem Scheiden aus dem Dienste des Landes Steiermark drückte ihm der ständische Ausschussrath „die Anerkennung seines früchtereichen Wirkens für das Aufblühen des vaterländischen Museums und die Bildung der Jugend aus, bedauernd, einen durch die gründlichste Gelehrsamkeit und unermüdeten Pflichteifer ausgezeichneten Gelehrten aus ihrem (der Stände) Dienste treten zu sehen, jedoch mit dem erfreulichen Gefühle, dass Seine Majestät so allbekannte Verdienste würdige und ehrenvoll belohne".

In der neuen, hervorragenden, für das Sanitätswesen von ganz Steiermark massgebenden Stellung wirkte *Vest* bis zu seinem am 15. December 1840 erfolgten Tode. *Vest* hatte sich zu Klagenfurt am 17. Juni 1804 mit *Juliana*, der Tochter des fürstlich Rosenbergischen Güter-inspectors *Johann Anton von Fradeneck* vermählt. Dieser Ehe entstammten vier Söhne, welche alle sich der Heilkunde widmeten und eine Tochter, *Natalie*, welche die Gattin des Landrathes *Dr. Vincenz Archer* in Mailand, später in Triest, wurde.

Unser Land und das benachbarte Kärnten haben Ursache, dieses Mannes, der als Arzt und Naturforscher gleichmässig erfolgreich thätig gewesen, sich dankbar zu erinnern, um so mehr, als er zu jenen Persönlichkeiten gehört, welche *Erzherzog Johann* nahe standen, persönlichen und schriftlichen Verkehrs mit dem erlauchten kaiserlichen Prinzen sich erfreuten und mit *ihm* an der Ausführung seiner grossen Pläne, womit er die Steiermark beglückte, arbeiteten.

Schon in Klagenfurt entwickelte *Vest* als Arzt eine segens-reiche Thätigkeit, indem er die Kuhpockenimpfung in Kärnten einführte, neue Heilungsmethoden gegen schwere Krankheiten (Typhus, Durchfall, Scorbut) erkannte und anwendete, indem er mehrere neue Heilmittel entdeckte, welche auch in die Pharmakopöie aufgenommen wurden, indem er die Sauer-brunnen Kärntens untersuchte und für die dortige Land-wirthschafts-Gesellschaft ein Herbarium der heimischen Futter-kräuter mit Bezeichnung der Vulgärnamen und Standorte anlegte; als Professor in Graz entwarf er ein natürliches System der Pflanzenwelt, gruppirte nach diesem die Gewächse in der systematischen Abtheilung im botanischen Garten des Joanneums, so dass Graz damals schon einen nach dem natürlichen Systeme angelegten botanischen Garten besass, während die meisten anderen noch nach der künstlichen Classification Linnés geordnet waren. Für die steiermärkische Landwirthschafts-Gesellschaft verfasste er eine systematische Zusammenstellung der in Steiermark cultivirten Weinreben

und hielt Vorlesungen über die in diesem Lande gepflanzten
Rebensorten. Als Chemiker stellte er Untersuchungen über
mehrere Metalle (Siliciumeisen, Arsenik, Titanerz, Galmei) an
und analysirte viele Heilwässer des Landes. In seine Thätigkeit
als Protomedicus fallen als wichtige, von ihm ausgehende
Amtshandlungen die Regulirung des Apotheker-Gremialwesens
in Steiermark, eine Normalvorschrift über das bei Epidemien
zu beobachtende Verfahren, die Einrichtung der Taubstummen-
lehranstalt in Graz, zahlreiche Verbesserungen in den Ver-
sorgungsanstalten, im Findlingswesen, in der Kuhpockenimpfung, eine Friedhofsordnung für Graz, Belehrungen über
die Verfassung der Sanitätsberichte durch die Districts-
physiker, über die Aufstellung der Arzneiconten und ärztlichen
Particularien, über die Behandlung der von wüthenden Hunden
verletzten Personen und eine Instruction für die Armenärzte
in Graz; ausserdem sorgte er für eine bessere Ausbildung
der chirurgischen Lehrlinge und reformirte durchgreifend das
Hebammenwesen. Besondere Verdienste erwarb sich *Vest* in
den Jahren 1831 und 1836, als die Cholera in einigen Theilen
der Steiermark auftrat, um die Bekämpfung dieser furchtbaren
Krankheit. Als 1825 die steiermärkische Sparcasse, dieses
gegenwärtig so blühende und wohlthätige Institut, errichtet
wurde, gehörte Vest zu den Gründern desselben und bekleidete
von 1830 bis zu seinem Tode (1840) die Stelle des Ober-
vorsteher-Stellvertreters bei dieser Anstalt.

Es ist staunenswerth, dass *Vest* neben den manigfaltigen
und anstrengenden Arbeiten, welche ihm seine amtlichen
Stellungen auferlegten, noch Zeit gewann, auf dem Gebiete
seiner Wissenschaften literarisch thätig zu sein; und dies war
der Fall, denn er verfasste zwei Werke botanischen Inhalts
und zahlreiche Abhandlungen, welche Stoffe aus dem Gebiete
der Naturwissenschaften und der Medicin behandeln, und in
den „Medicinischen Jahrbüchern des österreichischen Kaiser-
staats", in Gilberts „Annalen der Physik und Chemie", in
der „Steiermärkischen Zeitschrift", in der „Carinthia", im
„Aufmerksamen" (Beilage der „Grazer Zeitung") und in den

„Verhandlungen der steiermärkischen Landwirthschafts-Gesellschaft" erschienen sind.

Dass einem so vielseitigen und trefflichen Wirken die
öffentliche Anerkennung nicht fehlte, ist erklärlich und
erfreulich. *Vest* wurde schon 1803 von der botanischen Gesellschaft in Regensburg, 1830 von der medicinischen Facultät in
Pest zum Ehrenmitgliede, von den Landwirthschafts-Gesellschaften in Krain (1815), in Wien (1827), in Görz (1828),
von der k. k. Gesellschaft der Aerzte in Wien und von der
griechischen naturhistorischen Gesellschaft in Athen zum
correspondierenden Mitgliede ernannt. In den Kriegsjahren
1813 und 1814 leitete er als Chefarzt das unter Civiladministration gestellte Militärspital auf der Lend in Graz
mit so glänzendem Erfolge, dass er mit der grossen goldenen
Civil-Verdienstmedaille ausgezeichnet wurde.

Mit diesem Manne stand *Erzherzog Johann* abgesehen
von regem persönlichen Verkehr — von 1810 bis 1833 in
lebhaftem Briefwechsel; vierundzwanzig Briefe des kaiserlichen
Prinzen an *Vest* liegen vor, alle vollinhaltlich von seiner
Hand, nur der Brief vom 27. Juli 1813 (Nr. 14) ist von
seinem Adjutanten, dem Hauptmann Joachim Freiherrn von
Schell geschrieben, jedoch zweifelsohne vom Erzherzog dictirt
und von ihm unterfertigt. Diese Briefe befinden sich im Besitze
des Hof- und Gerichtsadvocaten in Graz, Herrn *Dr. Max
Archer*, Vest's Enkel von mütterlicher Seite, welcher mir dieselben zur Veröffentlichung gütigst überlassen hat, wofür ihm
auch hier der verbindlichste Dank ausgesprochen wird.

Diese Briefe zeigen von den vertrauten innigen Beziehungen des *Erzherzogs* zu *Vest*, sie zeigen, wie sehr der
kaiserliche Prinz den Mann der Wissenschaft ehrte und achtete
und wie er ihn bei den wichtigsten Fragen, die Gründung
und Ausgestaltung des Joanneums betreffend, stets zu Rathe
zog und trefflich zu verwenden wusste, sie bieten aber auch
werthvolle Beiträge zur Biographie des Erzherzogs selbst,
zur näheren und genaueren Kenntnis seines Geisteslebens
und zur Geschichte der Errichtung und Erweiterung des

Joanneums in Graz. — Wir lernen aus ihnen eine geistige
Thätigkeit des Erzherzogs kennen, die bisher nicht oder
wenigstens nicht in diesem Masse bekannt war, des Erzherzogs
Forschen und Streben auf dem Gebiete der Botanik; wir
entnehmen daraus, wie er selbst Pflanzen sammelte, wie er
zu diesem Behufe die Berge und Thäler unserer Alpenländer
durchstreifte, wie er auf seinen Besitzungen kleine botanische
Gärten anlegte und in denselben Pflanzungen vornahm, um
exotische und Alpenpflanzen, die sonst nur weit von hier
oder hoch auf den Bergen vorkommen, heimisch zu machen,
wie er alle Erscheinungen auf dem Gebiete der Botanik
aufmerksam verfolgte, sich mit Männern dieser Wissenschaft
in Verbindung setzte, von ihnen zu lernen suchte, sie aber
auch durch Zusendung von Pflanzen u. dgl. unterstützte und
förderte und wie er durch den eigens von ihm hiezu bestellten
Maler Russ Abbildungen von Pflanzen anfertigen liess. Wir
ersehen ferner daraus, wie sehr ihm das Gedeihen seines
Institutes, des „Joanneum" in Graz, am Herzen lag, wie er
Sorge trug für die Anlegung des botanischen Gartens, des
chemischen Laboratoriums daselbst, wie er sich selbst um die
innere Einrichtung der Hörsäle, Cabinette und Laboratorien
kümmerte und wie sehr er bedacht war, tüchtige Lehrkräfte
für dasselbe zu gewinnen. Auch dem Studium der Chemie
widmete er sich und machte selbst chemische Experimente
(Brief Nr. 15). — Er berichtet über seine naturhistorischen
Reisen in Untersteiermark, in der Gegend von Rohitsch und
in dem damals noch fast unbekannten Gebiete von Sulzbach,
über die Besteigung des Ursulaberges und des Bacher;
besonderes Augenmerk wendet er den Alpen Obersteiermarks
zu, der Gegend um Aussee, den das Ennsthal einschliessenden
Gebirgen, besonders um Schladming und dem Gebiete um
Knittelfeld und Seckau; 1811 besucht er die nordöstliche Steiermark, den Wechsel, die Fischbacher Alpen und ihre Ausläufer bis
zum Schöckel bei Graz, dann die südlichsten Marken des Landes
an der Save, sodann Kärntens Lavantthal und die Koralpe,
endlich die Gegenden von Aflenz und Tragöss bei Bruck an der

Mur; die Badecur in Gastein benützt er, um den Ankogel, das Elend (den obersten Thalgrund des kärntnerischen Malta-thales), das Thal von Malnitz, das Anlaufthal und Gross-Arl naturhistorisch zu durchforschen und er will seine Wanderung bis in den Lungau erstrecken, um den Murwinkel zu besuchen; 1823 berichtet er über seine Wanderung von Vordernberg über den Hochschwab nach dem Brandhof und in die heute noch wenig besuchten und gekannten Gegenden von Prettstein, Pusterwald, Oppenberg und Donnersbach.

Auch dem Leben und Arbeiten der Bewohner unseres Landes wendet Erzherzog Johann seine Theilnahme zu, so besichtigt er 1810 (Brief Nr. 2) auf der Reise von Rohitsch nach Sulzbach die Eisenwerke von Windisch-Landsberg und Montpreis und besucht Gairach, Töplitz und Tüffer, um sich über die Kulturverhältnisse dieser Gegenden zu orientiren.

Sind die Briefe des Erzherzogs auch fast ausschliesslich ihrem Inhalte nach der Erörterung wissenschaftlicher Fragen und sachlicher Angelegenheiten gewidmet, so gewähren doch einzelne Stellen derselben einen tiefen Einblick in die edle, durch und durch humane, jedes Stolzes baare Sinnesweise des erlauchten Prinzen; wie bescheiden spricht der Erzherzog von sich selbst, wenn er in dem Briefe vom 28. Septem-ber 1810 (Nr. 5) schreibt: „Schade, dass ich allein reisen musste, und dass niemand mit mir war, der mehr Kenntnisse besitzt, weil dann gewiss viel mehr gefunden worden wäre", und welch Edelsinn steckt nicht in den wenigen Worten des Briefes vom 15. Juni 1822 (Nr. 19), in welchem er auf die Nachricht von der schweren Erkrankung des Dieners Michel am Joanneum erwidert: „Ich wünsche, dass der alte operirte Michel genese, es wird mich recht freuen, denn ein Menschen-leben ist viel werth."

So geben uns diese Briefe einen hochschätzbaren Beitrag zur Biographie und zur eingehenden Erkenntnis des erhabenen Gründers des Joanneums und ihr Inhalt ehrt ebensosehr ihren erlauchten Verfasser, wie den Mann, an den sie gerichtet, den um das Joanneum, um unsere Stadt, ja um unser Land,

um Theorie und Praxis der Heilkunde, sowie um die Pflege
der Naturwissenschaften, namentlich der Botanik hochverdien-
ten *Dr. Lorenz Chrysanth Edlen von Vest.*

*Erzherzog Johanns* Verkehr mit *Vest* in botanischen
Angelegenheiten begann wenigstens mittelbar schon im
Jahre 1806; der Vermittler war *Franz Störck*; dieser, der
mit dem berühmten Leibarzte der Kaiserin Maria Theresia,
Anton Freiherrn von Störck (geboren 1731, gestorben 1803)
nicht identisch ist, unterzeichnet sich in einem seiner Briefe
als „k. k. Leibwundarzt"; er stand also in Diensten des kaiserlichen Hofes; da mag ihn der Erzherzog kennen und, wie die
Briefe bezeugen, als Botaniker schätzen gelernt haben; mit der
Familie *Vest* stand *Störck* in sehr freundschaftlichen Verhältnissen. So schreibt er einmal an *Dr. Lorenz Chrysanth*:
„Bleiben Sie mein Freund, wie es Ihr alter Herr Papa war";
und der Mutter und der Gattin *Vest's* wird von *Störck* fast
in jedem seiner Schreiben in achtungsvollster Weise gedacht.
Durch dessen Briefe also gelangten besonders im Jahre 1806
die Aufträge und Wünsche des Erzherzogs an Vest. So
schreibt *Störck* de dato Schönbrunn, den 11. Mai 1806: „Ich
habe den Auftrag von Sr. k. Hoheit dem Erzherzoge Johann,
dass Sie alle in Ihrer Gegend vorgefundene besondere Pflanzen
mit aller Vorsicht, damit sie im botanischen Garten hierorts
eingesezt werden können, in Kisten wohlverwahrt so bald
als möglich einsenden." „Zugleich habe ich den Auftrag, Ihnen
im Namen Seiner k. Hoheit für das Ihm überschickte Buch[1]
zu danken, er hat hierüber bei Gelegenheit Sein Wohlgefallen
bezeigt." — Im Postscriptum heisst es: „Vergessen Sie nicht
auf die Bleckner Alpen" — die Plöcken-Alpe, welche zwischen
dem obersten Gailthale und dem Plöcken-Pass, der nach
Venetien führt, gelegen und wegen ihrer reichen Flora bekannt
ist. Schönbrunn den 19. Juni 1806 schreibt *Störck*: „Ich
habe die Pflanzen unter meiner Adresse gut verwahrter

---

[1] 1805 war zu Klagenfurt Vest's „*Manuale botanicum, inserviens excursionibus botanicis*" erschienen; jedenfalls hat Vest ein Exemplar desselben dem Erzherzog übersendet.

(verwahrt) gleich Seiner k. Hoheit übergeben; die Freude, welche Seine k. Hoheit an den Pflanzen hatte, kann ich Ihnen nur dazumalen schreiben, bis wieder andere von Ihnen hieher abgeschickt werden; Ihr Name bleibt Ihm ewig im Gedächtniss". — Wien den 1. August 1806 Störck an Vest: „Alles, was Sie abgeschickt haben, ist sehr tröflich; alle Ihre Briefe sind in den Händen Seiner k. Hoheit, fahren Sie fort mit Ihrem Eifer, schicken Sie, so oft Sie können." „Was Sie schicken, macht Hochdemselben Freude". Und am 29. September 1806: „Ich habe Ihren lezten an mich geschriebenen Brief noch nicht gelesen, weilen Seine k. Hoheit denselben in Verwahrung haben, nur habe ich gehört, dass Sie für dieses Jahr die lezte Excursion gemacht hätten und sind die Pflanzen sehr gut aufgenohmen worden."

Zwei Jahre später erhielt *Vest* von *Störck* folgenden Brief:

*Wohlgebohrn!*

*Ich habe von Sr. kais. königl. Hoheit den auftrag erhalten, Ihnen die gegenwärtigen Pflanzen* [5] *zu überschicken, die eine Helfte zu Ihrem gebrauch, die andere Helfte aber gehören dem Hrn. Generalvicar v. Hohenwart, wenn wieder solche fertig*

[5] Beilage zum Brief des Störck vom 7. November 1808 von Erzherzog Johanns eigener Hand geschrieben.

| | | |
|---|---|---|
| Laserpitium latifolium. | Androsace lactaea. | Saxifraga mutata. |
| Cynosorus Sphaero-cephalus. | Hedysanum obscurum. | „ pyramidalis. |
| | Juncus maximus. | „ Burseriana. |
| Papaver alpinum, | „ spadicaeus. | „ caesia. |
| weisse Farbe. | „ trifidus. | „ stellaris. |
| Globularia nudicaulis. | Primula auricula. | „ androsacea. |
| Thalictrum aquilegifolium. | „ integrifolia. | „ autumnalis. |
| Potentilla aurea. | „ minima. | „ caespitosa. |
| „ Clusiana. | „ villosa. | „ sedoides. |
| Filago leontopodium. | Gentiana punctata. | „ oppositifolia. |
| Hieracium intybaceum. | „ acaulis. | Arenaria biflora. |
| Viola alpina. | „ prostrata. | Achamanta cretensis. |
| „ biflora. | Saxifraga rotundifolia. | Erinus Menm. |
| Cineraria integrifolia. | „ Cotyledon. | Rhododendron ferrugineum. |
| Androsace Chamaejasme. | „ incrustata. | „ hirsutum. |

2*

werden sollten, so werden Se. k. k. Hoheit Sie immer nach-
schicken, auch Wünschen Se. kais. königl. Hoheit, dass Sie
wertester Freund solche in Ihren Alppen Reisen finden möchten,
Leben Hochdieselben recht wohl und Befehlen Sie mit ihrem
Freund und Diener, ich bitte an die gnädige Frau meinen
Handkuss und alles Schöne an Ihre Werthe Familie.

Ihr               ergebener

Grätz. den 7. November 1808.      Diener und Freund

Franz Störck.

Rhododendron chamae-
cistus.
Valeriana officinalis.
„  montana.
„  tripteris.
„  saxatilis.
„  elongata.
„  celtica.
Aster alpinus.
Lilium Martagon.
„  calcedonicum.
Orchis nigra.
Cistus oelandicus.
„  grandiflorus.
Empetrum nigrum.
Dryas octopetala.
Dianthus alpinus.
„  virginiacus.
Silene acaulis.
„  alpestris.
Aretia alpina mit
weisser Blüthe.
Rhamnculus Thora.
„  montanus.
„  alpestris.
„  aconitifol.
Gallium Bocconi.
Trollius Europaeus.
Pinus Mughus.
Juniperus alpina.
Convallaria bifolia.

Convallaria verticillata.
Cypripedium calceolus.
Achillea Clavennae.
„  atrata.
Azalea procumbens.
Draba alpina.
„  pyrenaica.
„  hirta.
Vaccinium uliginosum.
Arbutus uva ursi.
„  alpina.
Circaea alpina.
Andromeda polifolia.
Parnassia palustris.
Serratula pygmaea.
„  alpina.
Moehringia muscosa.
Thlaspi alpinum.
Pedicularis acaulis.
„  rostrata.
„  verticillata.
Senecio abrotanifolius.
Salix reticulata.
„  fusca.
„  retusa.
„  Myrsinites.
Pyrola secunda.
Phellandrium Mutellina.
Arnica montana.
„  Doronicum.
Rumex alpinus.

Cacalia alpina.
„  albifrons.
Cortusa Matthioli.
Arabis bellidifolia.
„  alpina.
„  wochinensis.
Alchemilla alpina.
„  vulgaris.
Sempervivum montanum.
„  hirsutum.
Campanula alpina.
„  rotundifolia.
„  pulla.
„  tyrsoides.
Horminum pyrenaicum.
Tussilago alpina.
„  discolor.
„  nivaea.
Erigeron alpinum.
Gypsophila repens.
Polygonum viviparum.
Rhodiola rosea.
Rosa alpina.
Anemone narcissiflora.
„  alpina.
Soldanella alpina.
Antirhinum alpinum.
Statice armeria.
Rubus saxatilis.
Myagrum saxatile.
Doronicum Bellidiastrum.

*„Sigismund von Hohenwart“*, — geboren zu Cilli am 7. Juni 1745, studirte Theologie in Graz, trat als Priester in die Diöcese Gurk in Kärnten, wurde 1784 dortselbst Consistorialrath, 1785 Domdechant, 1788 bischöflicher General-vicar und 1809 Bischof von Linz, wo er am 22. April 1825 starb. Er war ein eifriger Pfleger der Naturwissenschaften, brachte reiche Sammlungen aus allen drei Reichen der Natur zusammen, bereiste Kärnten, es durchforschend, nach allen Richtungen und ist 1799 der erste Ersteiger des Gross-glockner (s. oben S. 75).

Und nun mögen die Briefe des Erzherzogs Johann selbst, an Vest gerichtet, mit den nöthigen Erläuterungen folgen:

*Nr. 1.*

*Die übersendete Pflanze ist angekommen; die in ihrem Briefe enthaltenen wären mir sehr erwünschet, beyliegend ein kleines Verzeichniss der mir fehlenden.* [6]

| | | |
|---|---|---|
| Geum montanum. | Poa alpina. | Phyteuma orbiculare. |
| „ nivale. | Astrantia major. | Aspidium Longitis. |
| Narcissus poeticus. | Cistus grandiflorus. | „ filix mas. |
| Veronica alpina. | Pimpinella magna. | Athyrum filix foemina. |
| „ saxatilis. | „ flore alba | „ fragile. |
| „ aphylla. | varietas. | „ montanum. |
| Euphorbia glauca. | Cnicus Erisitales. | Blechnum boreale. |
| Myosotis nana. | Carduus Eriophorus. | Asplenium Trichoma- |
| Geranium sylvaticum. | Arctium personatum. | noides. |
| Actaea spicata. | Phyteuma spicatum. | |
| [6] Silene acaulis, flore albo. | Pedicularis aspleni- | Artemisia Mutellina. |
| Primula glutinosa. | folia. Flörke. | Willd. |
| Ranunculus glacialis. | „ incarnata. | Saxifraga -- ? an |
| Saxifraga oppositifolia. | Phyteuma pauciflorum. | androsacea? |
| „ biflora. | „ Michelii. | Gentiana prostrata. |
| „ intacta. Willd. | Aretia alpina. | „ glacialis. |
| „ bryoides. | „ helvetica, flore | Saxifraga moschata. |
| „ Hohenwarti. | rubro. | „ an muscoides? |
| Dianthus glacialis. | Artemisia spicata. | Kobresia scirpina. Willd. |

Die so seltene Primula, die ich einst in Tyrol fand, die Stamm-mutter aller jenen, die man in den Gärten siehet, mit Purpurfarbener Blume, gelben Kelch, Sammtartigen Blättern wie die Primula auricula.

*Nach allem Anschein sollte dieses Jahr der Sommer zum Reisen günstig werden: da ich Gesundheitshalber nach Rohitsch gehen muss, so werde ich die dortige Gegend untersuchen, zugleich aber einen Abstich nach Sulzbach machen, ein Winkel, der gar nicht bekannt ist, sollte dieses seyn, so werde ich es ihnen zu wissen machen, wo sie dann auch einige Tage leicht zu mir kommen könnten, um mir zu helfen; natürlich werde ich in diese Gegenden unerwartet erscheinen müssen, um alles Aufsehen, da es Gränz Gegenden sind, zu vermeiden, darum machen sie vor der Hand keinen Gebrauch davon: ich hoffe dort reiche Ausbeute. Senden Sie mir fleissig Pflanzen, damit mein Mahler Beschäftigung habe.*

*Dass sie sich mit den Schlangen abgeben, freuet mich recht sehr, in Weingeist aufgehoben, könnten sie ein schöner Beytrag zu den Sammlungen werden: ich wünsche, dass sie darüber nähere Daten geben.*

*Wien, den 2. May 1810.                                        Johann.*

„*Rohitsch*" — Sauerbrunn bei Rohitsch, Curort in der südöstlichen Steiermark.

„*Sulzbach*" — Gebirgsdorf inmitten der Sannthaler oder Sulzbacheralpen in der Südwestecke der Steiermark.

„*leicht zu mir kommen könnten*" — von Klagenfurt, wo Vest damals lebte und wirkte.

„*Gränz-Gegenden*" — das anstossende Krain stand damals (von 1809 bis 1814) unter französischer Herrschaft.

„*mein Mahler*" — Karl Russ, geboren zu Wien am 10. Mai 1779, wuchs in den dürftigsten Verhältnissen auf, zeigte schon sehr frühe grosses Talent für das Zeichnen und es gelang ihm, als Schüler an die k. k. Akademie der bildenden Künste zu kommen, er bildete sich im Historienfache, in der Landschafts- und Architekturmalerei aus, arbeitete eine Zeitlang in München, dann wieder in Wien, jedoch infolge der damals herrschenden Kriegswirren mit sehr geringem materiellen Erfolge. Um diese Zeit (1808) suchte Erzherzog Johann einen Maler, den er beauftragen wollte, hervorragende Momente aus

der Geschichte der Habsburger bildlich darzustellen; Russ
wurde ihm empfohlen und arbeitete für den Erzherzog fünf
Compositionen aus der vaterländischen Geschichte. Das Kriegs-
jahr 1809 stürzte den Künstler wieder in Beschäftigungslosig-
keit und Noth, was erst ein Ende nahm, als er von Erzherzog
Johann (1810) zu seinem Kammermaler ernannt wurde; von
diesem erhielt er Auftrag, Entwürfe von Darstellungen aus
der vaterländischen Geschichte zu machen, auch begleitete er
ihn auf seinen Reisen in Steiermark und erhielt mehrfache
Zeichen seiner ganz besonderen Huld. 1818 wurde er über Verwendung des Erzherzogs zum zweiten Custos der k. k. Belvedere-
Galerie ernannt, rückte 1821 in die erste Custosstelle vor,
womit die alleinige Leitung und Ueberwachung der Gallerie
verbunden war. Als Historienmaler war er ausserordentlich
productiv und genoss eines solchen Rufes, dass kein Fremder
von Auszeichnung Wien verliess, ohne sein Atelier besucht
zu haben, in welchem auch der Kaiser und die Erzherzoge
sich nicht selten einfanden. Viele Arbeiten des Künstlers,
historische Compositionen, Landschaften, Scenen aus den
Alpenländern gingen in das Eigenthum des Erzherzogs Johann
über. Russ starb zu Wien am 19. September 1843.

*Nr. 2.*

*Der hiesige Badearzt übergab mir ihren Brief bei meiner*
*Ankunft in Rohitsch am 21. Junius; seit dem binn ich hier*
*und habe die Brunnencur angefangen, ich gedenke sie voll-*
*kommen zu gebrauchen, wozu ein Zeitraum von wenigstens*
*3 Wochen nothwendig wird: erst nach Beendigung derselben*
*gedenke ich mich auf dem Weege zu machen und einige bisher*
*unbekannte Gegenden zu durchreisen. Die hiesige Gegend bisher*
*ganz unbekannt enthält reichhaltigen Stoff zu Untersuchungen,*
*auch sammele ich alles, was mir vorkommt, um dann daraus*
*eine Lese zu machen, da das Clima hier sehr mild ist, so ver-*
*muthe ich manches Gewächse der südlichen Gegenden zu finden.*
*Hier ist es, wo Wallenstein auf dem Donatiberg zuerst die*
*Scabiosa agrestis fand, die er als eine neue species anführt,*

*ich werde diesen eine Stunde von hier gelegenen Berg nächstens
besuchen. Mein Plan ist nach geendigter Cur folgender: Von
hier werde ich die Gegend von Landsberg und Montpreis besuchen, theils der dortigen Eisenwerke, theils ihrer Cultur wegen,
dann über Gayrach, Tüffer, Töplitz (ein warmes Bad) nach
Cilli kommen, von da über Neuhaus, Schönstein, Oberburg, die
Nadel nach Sulzbach gelangen. Cilli oder Schönstein wäre der
beste Punct der Zusammenkunft, vom Sulzbach gehe ich dann
über Ill. Geist nach Schwarzenbach und den Ursulaberg nach
Windischgratz, von wo ich den Bacher zu untersuchen gedenke.
Sulzbach ist viel zu merkwürdig und zu wenig bekannt, um
nicht einige Tage mich dort aufzuhalten; die Alpen und Wände
des Schneegebirges, dann die sanfteren bei Ill. Geist sollten
wohl die beste botanische Ausbeute liefern. Bis meine Badecur
vollendet ist, tritt die beste Alpenzeit ein, um so mehr, da wir
dieses Jahr ziemlich zurücke sind. Ich werde ihnen bestimmt
die Tage meiner Reise bekannt machen, so bald ich es selbst
wissen werde; Voranstalten mache ich keine, um alles Aufsehen
in dem nachbarlichen Krain zu vermeiden.*

*Leben sie wohl          Johann.*

*Sauerbrunn bei Rohitsch, am 24. Junius 1810.*

„Rohitsch" — s. Brief Nr. 1.

„Wallenstein" — vielleicht Franz de Paula Adam Graf
Waldstein-Wartenberg (1759—1823) berühmt als Botaniker
und durch das von ihm und Paul Kitaibel herausgegebene
Werk: Plantac rariores Hungariae (Viennae 1800 ff.); er
machte zahlreiche botanische Reisen und legte ein grosses
Herbarium an.

„Donatiberg" — nördlich von Rohitsch.

„Landsberg" — (Windisch-Landsberg), Montpreis. Gairach,
Tüffer, Töplitz (jetzt Römerbad), Cilli, Neuhaus, Schönstein,
Oberburg, Sulzbach — durchaus Orte in der südlichen
Steiermark.

„Ill. Geist" — ein Gebirgsdorf in den Sannthaler Alpen,
oberhalb Sulzbach.

*„Schwarzenbach"* — in Kärnten, am Nordabhange der Sannthaler Alpen.

*„die Nadel"* — eine groteske Felsengruppe, durch welche der Fussweg von Leutsch nach Sulzbach führt.

*„Ursulaberg"* — am rechten Ufer der Drau an der Grenze von Steiermark und Kärnten.

*„Windischgratz"* — ein Städtchen am Fusse des Ursulaberges.

*„Bacher"* — ein mächtiger Gebirgsstock am rechten Ufer der Drau in Untersteiermark.

*„um alles Aufsehen im nachbarlichen Krain zu vermeiden"* — s. Brief Nr. 1 „Gränz-Gegenden".

### Nr. 3.

*Izt kann ich ihnen bestimmt meine Ankunft an die Gränz-gebirge Kährnthens anzeigen, meine Brunnencur wird Don-nerstags den 12. Julius zu Ende seyn, an eben diesem Tage verlasse ich den hiesigen Sauerbrunnen, am 15. längstens am 16. gedenke ich in Sulzbach einzutreffen, den Tag bevor über-nachte ich in Oberburg, von wo aus ich den merkwürdigen Weeg über die Nadel in den Sulzbach machen werde. In Sulzbach werde ich mich ein paar Tage aufhalten um die kahlen Alpen gegen Krain zu besuchen, dann aber über St. Jacob nach Schwarzenbach wandern, von da nach Windischgraz um den Ursulaberg zu besteigen. Hoffentlich sollte es Ausbeute geben. Montags den 9. gehet von hier mein Secretär Gebhart und mein Mahler Russ voraus, um mit mehr Musse diesen Weeg zu machen.*

*Hier in Rohitsch ist die Flora sehr arm, ich fand wenig, was ich nicht schon besitze, in Mineralogischer Hinsicht desto mehr.*

*Nun habe ich ihnen meinen bestimmten Reiseplan mit-getheilt, aus diesem können sie nun ersehen, welchen Weeg ich zu machen gedenke; können sie abkommen, so richten sie es so ein, dass wir in Oberburg oder Sulzbach zusammentreffen, denn ich verspreche mir von der dortigen Gegend das meiste.*

*Leben sie wohl.                    Johann.*

*Sauerbrunnen bei Hl. Kreutz am 5. Julius 1810.*

*Auf der Aussenseite dieses Briefes:*

*Ihren Reiseplan, Verehrtester, werden Sie wohl abändern,*
*denn Sie werden von Sr. k. H. hieher nach Steyer citirt. Wie*
*glücklich, dass ich Ihnen diess zufertige, noch glücklicher, wenn*
*(ich) Sie dort auf der Alpenhöhe selbst antreffen könnte. Ihr*
*ganz eigener*                        *Joh. Frölich.*

„*Sauerbrunn*" — (bei Rohitsch, auch bei Ill. Kreuz),
*Sulzbach, Oberburg, die Nadel, Sulzbach, Schwarzenbach,*
*Windischgratz, Ursulaberg* — s. Briefe Nr. 1 und 2.

„*Gebhart*". Johann Nepomuk — des Erzherzogs Secretär,
welcher einige Jahre später der erste Custos des Joanneums wurde.

„*mein Mahler Russ*" — s. Brief Nr. 1.

„*Steyer*" — Steiermark.

„*Joh. Frölich*" — ?

### Nr. 4.

*Ihren Brief habe ich richtig erhalten; ich weiss kein*
*besseres Mittel ihr Gesuch zu unterstützen, als zum Hofrath*
*Stift, der noch izt das Referat hat, jemand zu senden, der ihm*
*darüber sprechen wird; ich sehe keine grossen Schwierigkeiten,*
*da es eine blosse Verschung ist; was ich beytragen kann, werde*
*ich gewiss mit Vergnügen; es ist ja wahrlich gut, wenn man*
*bei Errichtung eines Institutes so viel wissenschaftliche Männer*
*als möglich versammelt. Heute gehe ich von hier ab und in*
*einigen Tagen werde ich mich in den Gebürgen von Aussee*
*befinden, dort die Kalkalpen untersuchen und das Eisgebürge,*
*dann zu den südlich zwischen Muhr und Enns sich befind-*
*lichen Granitalpen wandern; ich hoffe schöne Ausbeute, wenn*
*mir die Witterung günstig ist, bereits weiss ich einen Ort, wo*
*die Gentiana lutea vorkommen soll, die fehlt mir noch. Nach*
*meiner Rückkunft, welche bis halben September geschehen wird,*
*werde ich ihnen die Resultate bekannt machen. Leben Sie wohl.*

*Wien, den 13. August 1810.*                  *Johann.*

„Stift" — Andreas Joseph Freiherr von Stifft, geboren am 30. November 1760 zu Röschnitz in Nieder-Oesterreich, Doctor der Medicin, berühmter Arzt, auch Leibarzt des Kaisers Franz I., Hofrath im Staats- und Conferenzrath, wirklicher kaiserlicher Geheimrath, wirkte reformirend auf das gesammte Unterrichtswesen des Kaiserstaates, insbesondere auf das medicinische und Sanitätswesen ein, ein Mann, der sich grosse Verdienste um Kaiser und Reich erwarb. Er starb am 16. Juni 1836 zu Schönbrunn bei Wien. Welches Gesuch Vest's Erzherzog Johann unterstützte, ist nicht zu ermitteln; vielleicht bewarb sich Vest um eine Lehrkanzel der naturhistorischen Fächer an dem Polytechnikum in Wien, dessen Errichtung eben damals geplant wurde und wobei Stifft als Präses der Studien-Hofcommission einen massgebenden und hervorragenden Antheil hatte. Die Worte des Erzherzogs von der „Errichtung des Institutes" sprechen dafür.

„Aussee" — an der Traun in der nordwestlichen Steiermark.

„Mur und Enns" — in der Obersteiermark.

Nr. 5.

*Mit Vergnügen habe ich ihren Brief gelesen, der mir so manchen Aufschluss über die Sulzbacher und Seelander Gebürge gibt, bisher waren sie wenig bekannt; ich zweifle aber, ob sie wirklich verdienen besucht zu werden, da ich doch vermuthen sollte, dass die nachbarlichen kärnthnerischen Alpen alles enthalten müssen, (einige wenige Pflanzen ausgenommen), was dort gefunden werden könnte. Mit Recht habe ich ihnen von den Schladminger und anderen Alpen des Ennsthales gesprochen, was ich damals blos vermuthete, fand ich vollkommen bestättiget; kaum war ich von meiner Reise, wo ich das Vergnügen hatte sie zu sehen, nach Wienn zurückgekehrt, als ich mich neuerdings auf den Weeg machte. Vom 15. August bis 16. September habe ich ein Monath lang in dem Nordwestlichen Theile des Judenburger Kreises zugebracht. Die Thäler und kahlen Gebürge von Ausser, die eine lange Kette zwischen dem Lande Ob der*

*Enns und der Steyermarkt bilden, besucht und durchgegangen. 8 Tage war ich in diesen Wildnissen, von da den Stein bestiegen und das Eisgebürge besucht; dann die südlich gelegenen Thäler von Schladming und Sölk untersucht. endlich auf den Sekkauer Alpen geschlossen. Überall fand ich mehreres. Wie sehr wäre es nothwendig, diese Gegenden zweymahl im Jahre zu besuchen, denn alle Frühlings- und Sommerblumen hatten eingezogen und waren unkenntlich. Die Schladminger Alpen lieferten mir die herrlichste Ausbeute, und da ich alles, was ich fand, in einer kurzen Strecke zusammengedränget sah, so gedenke ich künftiges Jahr diese Gegend wieder zu besuchen, allein zu einer früheren Zeit und wenn möglich mit einem Mahler der einjährigen Gewächse wegen. Was ich mitnehmen konnte, wurde in Kisten verpaket und hieher gesendet, allein da diese 8 bis 10 Tage auf Land- und Postwägen gebeutelt werden, so kam alles schlecht und unkennbar an, nichts destoweniger keimet bereits schon vieles. Aus beyliegenden Verzeichniss [7] mögen sie den Reich-*

---

[7] Beilagen zu Brief Nr. 5. A) Von des Erzherzogs eigener Hand.

| | | |
|---|---|---|
| Schladminger | Solidago virga aurea. | Pedicularis flammaea. |
| Alpen und Stein. | Polygonum viviparum. | „ noch eine, die |
| Aconitum Napellus. | Saxifraga Aizoon. | nicht blühte. |
| Arnica montana. | „ caesia. | Campanula pulla. |
| „ scorpioides. | „ autumnalis. | „ pusilla. |
| „ doronicum. | „ oppositifolia. | „ barbata. |
| „ glacialis. | „ stellaris. | Achillea Clavennae. |
| Gentiana pannonica. | „ caespitosa. | „ atrata. |
| „ punctata. | rotundifolia. | „ millefolium, |
| „ bavarica. | „ bryoides. | flore rubro. |
| „ prostrata. | „ prostrata. | Arabis alpina. |
| „ germanica. | „ aspera. | Antirrhinum alpinum. |
| „ campestris. | Hieracium annuum. | Valeriana celtica. |
| „ ciliaris. | „ aurantiacum. | Thymus alpinus. |
| Senecio abrotanifolius. | „ intybaceum. | Dianthus alpinus. |
| „ saracenicus. | Cnicus spinosissimus. | „ superbus. |
| „ incanus var. | Chrysanthemum alpinum. | „ ? |
| carniolica. | „ atratum. | Erigeron uniflorum. |
| Orchis viridis. | Pedicularis verticillata. | Phyteuma hemisphaericum. |
| Ophrys alpina. | „ rostrata. | „ pauciflorum. |

thum der Flora Ende August und Anfangs September aus-
nehmen, und sich freuen, dass manch für uns verlohren geglaubte
Pflanze noch auf unserem Grund und Boden wächst. Eine
herrliche Witterung begünstigte mich beständig. Auf dem Sekkauer
Zinken fand ich in den nördlichen Wänden häufig die Gentiana
algida; sie stehet hier bereits in meiner Alpengrube. Ich hoffe
künftigen Sommer aus jenen Gegenden eine schöne Ausbeute,
umsomehr, da ich einige Menschen gelehrt habe, was sie mir
zusenden sollen, vielleicht kommt dieses Jahr noch etwas.

Dryas octopetala.
Silene acaulis.
„    rupestris.
„    pumilio.
„    nutans.
Geum montanum.
„    reptans.
Gnaphalium dioicum.
Potentilla caulescens.
Sempervivum hirtum.
Sedum rubens.
Filago Leontopodium.
Artemisia glacialis.
Ranunculus glacialis.
„    nivalis.
„    rutaefolius.
Arcubalus pumilio.
Primula minima.
„    glutinosa.
Rhododendron ferrugineum.
„    chamaecistus.
Salix serpillifolia.
„    ?
Sysimbrium nasturtium.
Anthoxantum odoratum.
Betonica alopecuroides.
Cineraria integrifolia.
Arenaria multicaulis.
Azalea procumbens.
Veronica alpina.
„    Beccabunga.
Statia armeria.

Thymus Serpillum.
Cardamine bellidifolia.
Lepidium alpinum.
Cerastium latifolium.
„    alpinum.
Epilobium alpinum.
Piretrum alpinum.
Gypsophila repens.
Biscutella laevigata.
Viola biflora.
Hypericum perforatum.
Lychnis dioica.
Sweertia perennis.
„    carinthiaca.
Agrostis rupestris.
Aira spica venti.
Poa disticha.
„    laxa.
„    alpina vivipara.
Juncus spadiceus.
„    trifidus.
Carex nigra.
Rhodiola rosea.
Rosa alpina.
„    rubrifolia.
Ausseer Alpen.
Veratrum album.
Cacalia alpina.
„    albifrons.
Parnassia palustris.
Cnicus spinosissimus.
Serratula pygmaea.

Carduus defloratus.
Gentiana pannonica.
„    acaulis.
„    bavarica.
„    verna.
„    campestris.
Dianthus alpinus.
„    superbus.
Silene acaulis.
„    rupestris.
Erigeron alpinum.
„    uniflorum.
Achillea Clavennae.
„    atrata.
Potentilla aurea.
„    Clusiana.
„    caulescens.
Aethusa meum.
Valeriana montana.
„    tripteris.
„    saxatilis.
„    elongata.
Veronica aphylla.
Salix retusa.
„    reticulata.
„    Jacquinii.
Arnica montana.
„    scorpioides.
Dryas octopetala.
Astragalus campestris.
Tussilago alpina.
„    discolor.

*Schade, dass ich allein reisen musste, und dass niemand
mit mir war, der mehr Kenntnisse besizt, weil dann gewiss viel
mehr gefunden worden wäre.*

*An Insekten hätte es eine reiche Ausbeute gegeben, an
Mineralien sehr wenig, weil nichts als Kalk und Glimmer-
schiefer vorkömmt, indess nahm ich mit mir, was ich konnte.
Leben sie wohl und lassen sie bald etwas von ihnen hören.*

*Thernberg am 28. September 1810.*                    *Johann.*

—

| | | |
|---|---|---|
| Genu montanum. | Sempervivum hirtum. | Centaurea montana. |
| Ranunculus alpestris. | Hieracium aureum. | Chrysanthemum |
| Anemone alpina. | „    villosum. | Hallerii. |
| Campanula alpina. | Arabis alpina. | Gypsophila repens. |
| „    pulla. | Senecio abrotanifolius. | Cistus serpillifolius |
| „    pusilla. | „    crucifolius. | Scopoli. |
| „    linifolia. | Scabiosa silvatica. | Saxifraga Aizoon. |
| „    rhomboidea. | „    norica. | „    stellaris. |
| Bartsia alpina. | Helonias borealis. | „    sedoides. |
| Lepidium alpinum. | Gnaphalium dioicum. | „    caesia. |
| Primula auricula. | Phyteuma orbiculare. | „    rotundifolia. |
| „    integrifolia. | Heracleum austriacum. | „    Burseriana. |
| Antirrhinum alpinum. | Myosotis scorpioides. | „    autumnalis. |
| Allium victoriale. | Thymus alpinus. | Agrostis rupestris. |
| „    sphaerocephalum. | Biscutella laevigata. | Poa alpina. |
| Pedicularis rostrata. | Buphthalmus salicifolius. | „    vivipara. |
| „    verticillata. | Solidago virga aurea. | „    laxa. |
| „    recutita. | Orchis viridis. | Phleum alpinum. |
| In Sekkau. | „    conopsla. | Carex nigra. |
| Gentiana algida. | Polygonum viviparum. | „    ferruginea. |
| Sedum rubens. | Betonica alopecurus. | Juncus bifidus. |

Zweite Beilage zum Brief Nr. 5. *B)* Die Ueberschrift von des
Erzherzogs, die Namen der Pflanzen von fremder Hand.

Gartendesiderate des Erzherzogs Johann.

| | | |
|---|---|---|
| Silene acaulis flore | Dianthus glacialis. | Saxifraga ? an andro- |
| albo. | Pedicularis aspleni- | sacea? |
| Primula glutinosa. | folia. Flörk. | Gentiana prostrata. |
| Ranunculus glacialis. | Phyteuma pauciflorum. | „    glacialis. |
| Saxifraga oppositifolia. | „    Michelii. | Saxifraga moschata. |
| „    biflora. | Aretia alpina. | „    an muscoides. |
| „    intacta. Willd. | Artimisia spicata. | Kobresia caricina. |
| bryoides. | „    Mutellina. Willd. | Willd. |

„*Sulzbacher und Seelander Gebürge*" — an der dreifachen Grenze von Steiermark, Kärnten und Krain.

„*Schladminger Alpen*" — in der nordwestlichen Steiermark, von dem Markte Schladming an der Enns benannt.

„*Judenburger Kreis*" — die Steiermark zerfiel damals in ihrer administrativen Eintheilung in den Cillier, Marburger, Grazer, Brucker und Judenburger Kreis, letzterer den nordwestlichen Theil des Landes umfassend.

„*Aussee*" — s. Brief Nr. 4.

„*Stein*" — damit meint der Erzherzog eine der Spitzen der Dachsteingruppe.

„*Sölk*" — ein Seitenthal des oberen Ennsthales.

„*Sekkauer Alpen*" — welche sich um Sekkau bei Knittelfeld mit den Zinken als Culminationspunkt gruppiren. Ueber diese Reise des Erzherzogs s. „Aus dem Tagebuche des Erzherzogs Johann. Eine Reise durch Obersteiermark im Jahre 1810. Im Auftrage Sr. Excellenz des Herrn Franz Grafen von Meran herausgegeben von Franz Ilwof. Graz 1872."

Und über des Erzherzogs Alpenfahrten überhaupt meine Abhandlung: „Erzherzog Johann und seine Beziehungen zu den Alpenländern" in der „Zeitschrift des Deutschen und Oesterreichen Alpenvereines" XIII. (1882) S. 1—47.

„*Thernberg*" — Erzherzog Johanns Gut südlich von Wiener-Neustadt.

*Nr. 6.*               *Thernberg am 10. April 1811.*

*Eben erhalte ich ihren Brief, sehr leid war es mir, dass ich 2mahl schreiben musste, um ihnen die gewünschten Stellen zu verschaffen, doch diesesmahl hoffe ich fast mit Zuversicht, dass ihrem Wunsche wird können entsprochen werden. Da die Stände die Professuren errichteten und zahlen, so haben diese das Vorschlagsrecht und dieses giebt mir das Mittel, ein Wort für Sie zu sprechen; in Wienn werde dann alle Anstände zu beseitigen trachten. Die Professur betrifft die Botanik und Forstkunde, letzteres ist eben kein so schwerer Zweig und ich bin überzeugt, dass sie denselben über sich nehmen können. Wäre nur unser*

*Museum schon aufgestellt, das Locale ist bereits erkaufet, allein nun treffen wieder eine Menge Hindernisse, erreget durch den Verkäufer, die natürlich einen Prozess nach sich ziehen; obgleich ich überzeugt bin, dass er gewonnen wird, so ist der Zeitverlust äusserst unangenehm. Meine Alpenflora fängt an zu blühen, und was mich am meisten verwundert mit Geum reptans, welches sonst erst im August auf den Alpen vorkömmt. Wie ich höre, soll Siegmund, Buchhändler in Clagenfurth, Wulfens Schriften zurückerhalten haben, und willens seyn, sie herauszugeben. aber an Mitteln dazu soll es gebrechen, darüber wünschte ich durch Sie zu erfahren, was die Sache für eine Bewandniss hat. Mit Ende Mai wandre ich nach Rohitsch, um dieses Jahr das Wasser neuerdings zu brauchen, ich fühle wie gut es mir voriges Jahr that, vielleicht kann ich dann von da aus einen Ausflug nach Kährnthen machen und mit ihnen zusammenkommen, wenn nicht, was ich wünsche, die Streitigkeiten in Graz beygeleget sind. Leben sie wohl. Senden sie mir wie sonst Pflanzen.*                    *Johann.*

„*Thernberg*" — s. Brief Nr. 5.

„*die gewünschten Stellen*" — am Joanneum in Graz, s. ob. S. 74.

„*die Stände*" — der Steiermark.

„*die Professuren*" — am Joanneum.

„*Museum*" — an dem eben damals von dem Erzherzog gegründeten und den Ständen in Steiermark übergebenen Joanneum.

„*das Locale*" — der Lesliehof in der Raubergasse in Graz.

„*einen Process*" — s. darüber Göth. Das Joanneum, S. 10 – 11.

„*Wulfen*" — der berühmte Botaniker Franz Xaver Freiherr von Wulfen, geboren zu Belgrad am 5. November 1728; er trat in den Orden der Gesellschaft Jesu (1745), wirkte an den Lehranstalten desselben zu Görz, Wien, Laibach und Klagenfurt. Hier verblieb er auch, nachdem der Orden (1772) aufgehoben worden war, als Weltpriester. Er starb am 17. März 1805.

„*Rohitsch*" — s. Brief Nr. 1.

„*die Streitigkeiten*" — wegen des Ankaufes des Lesliehofes.

Nr. 7.

Bis izt ist meine Ausbeute äusserst gering, obgleich ich den ganzen nördlichem Theil des Grätzer Kreises durchstrich, so fand ich dennoch nichts als Pflanzen, die bereits in meinem Garten stehen. Der Wechsel, die Spitaler, Rattener, Fischbach Alpen, die Teichalpe (noch die reichste), Plan, Sommer- und Kerschbaum-Alpen, der Schöckel liefern wenig oder nur bekannte Gegenstände. Nun bin ich seit 8 Tagen hier, gebrauche Brunnen und Bad und fühle eine weit grössere Wirkung als voriges Jahr, obgleich ich hieher fast ganz hergestellet ankam, so glaube ich, dass der diessjährige Aufenthalt die Cur beendigen wird. Bis 2.—3. Julius gedenke ich zu bleiben, dann aber zuerst die Gegenden an der Sau zu besuchen, dann aber schnell nach dem Lavanttthale und diese Gegend besehen, ich schrieb Stenizern, er solle mir einen Entwurf einsenden, diesen erwarte ich schnlichst stündlich; der Ankauf des Lesselhofes, endlich zu stande gebracht, und die Zurichtung, die eben beginnt, rufen mich nach Gratz. Ihretwegen habe ich alles bey den Herren Ständen eingeleitet und hoffe den Concurs zu beseitigen. Sollten sie Zeit haben, so schreiben sie mir, vielleicht könnte ich sie in Wolfsberg treffen, ich würde ihnen die Marschroute und meinen Entwurf senden; meine Absicht ist die Koralpe vielleicht die Saualpe zu besteigen, dann das vernachlässigte warme Bad zu besehen etc. Für die Beschreibung der Reichenauer und Fladnitzer Alpen danke ich ihnen, finde ich dieses Jahr Zeit, so sehen mich die Schladminger Alpen wieder, diese sind die reichsten, die unbekanntesten, wo die Salzburgische Flora ganz anzutreffen ist. Kann ich sie im Lavanttthale sehen, dann ein mehreres. Leben sie wohl.

Am 23. Junius 1811. Johann.

„Grätzer Kreis" — s. Brief Nr. 5.

der Wechsel, die Spitaler, Rattener-, Fischbacher Alpen, die Teichalpe, der Plankogel, die Sommer- und Kerschbaumalpe und der Schöckel liegen nordöstlich von Graz zwischen dem Mur- und Mürzthale und der ungarischen Grenze.

„*Nun bin ich hier*" — in Sauerbrunn bei Rohitsch.

„*Sau*" — Sawe, an der Südgrenze der Steiermark.

„*Lavantthal*" — im östlichen Kärnten.

„*Stenizer*" — ?

„*Lesselhof*" — Lesliehof in der Raubergasse in Graz, welcher von den Ständen der Steiermark zur Unterbringung der Sammlungen des Erzherzogs Johann angekauft und Joanneum benannt wurde.

„*den Concurs*" — die Prüfung zur Erlangung der Professur, welche Vest am Joanneum anstrebte.

„*Wolfsberg*" — im Lavantthale Kärntens.

„*Koralpe*" — Gebirgszug zwischen Kärnten und Steiermark, östlich vom Lavantthale.

„*Saualpe*" — westlich vom Lavantthale.

„*das vernachlässigte warme Bad*" — vielleicht Preblau im oberen Lavantthale.

„*Reichenauer und Fladnitzer Alpen*" — im nördlichen Kärnten, gegen die steiermärkische Grenze zu.

„*Schladminger Alpen*" — s. Brief Nr. 5.

*Nr. 8.*

*Am 3. Julius gehe ich von hier ab, den 4. komme ich in Lavamünd an und werde 3 Tage in der Gegend von Wolfsberg mich aufhalten, dann aber über die Koralpe meinen Weeg nach Gratz fortsetzen, dieses zu ihrer Nachricht. Können sie abkommen, so wird es mich freuen, sie in Wolfsberg zu sehen. Leben sie wohl.* Johann.

*Am 30. Junius 1811.*

*Auf der Adresse als Aufgabsort:*

*(„Vom steyrisch ständischen Sauerbrunn nächst Rohitsch.")*

„*von hier*" — Sauerbrunn bei Rohitsch.

„*Lavamünd*" — an der Mündung der Lavant in die Drau unfern der steirischen Grenze.

„*Wolfsberg*" — im Lavantthale Kärntens.

„*Koralpe*" — s. Brief Nr. 7.

*Nr. 9.*

*Die Pflanzen sind von der Koralpe hier gut angelanget, und bis einmahl der Garten zugerichtet wird, gut versorget worden. Mit der Zurichtung des Leslichofes gehet es nun vorwärts, ich hoffe, dass diesen Herbst alles zu Stande kommen wird. Was Sie betrifft, so ging der Vorschlag der Stände bereits hinauf, so dass ich glaube, dass gar kein Concurs, wie sonst gebräuchlich ist, stattfindet, indess muss ich sie doch im voraus benachrichtigen, dass ihnen nicht allein die Lehrkanzel der Botanik, sondern auch jene der Chemie auferleget wird, weil ebenfalls diese beyden in Wienn durch Jaquin versehen werden. Ich glaube, dass sie sich an diesem gar nicht stossen sollen, als Arzt und Naturhistoriker ist ihnen die Chemie nicht fremd, die Lehrbücher sind vorgeschrieben (die nemlichen wie in Wien), folglich denke ich, dass sie diese versehen können; es lässt sich dann mit der Zeit, wenn ein Professor der Technologie benennet wird, immer die Chemie grösstentheils diesem übertragen. Hier handelt sich nur, die allgemeinen Grundsätze beyzubringen, denn die angewandte Chemie muss dann (von) jedem der übrigen Professoren, je nachdem sie den von ihnen vorgetragenen Zweig berührt, gelehrt werden. Antworten sie mir darüber. Donnerstags reise ich von hier ab, gerade nach Wienn, dort bleibe ich einige Tage, dann nach Thernberg bis künftigen Herbst, den ich hier zubringen werde. Indessen werde ich doch einige Ausflüge in die Aflenzer und Tragösser Alpen machen, um die dortigen Produkte für hier zu sammeln. Schladming muss ich für künftiges Jahr sparen. Sammeln sie ihrer Seits fleissig. Leben sie wohl.          Johann.*

*Grätz, am 15. Julius 1811.*

„Koralpe" — s. Brief Nr. 7.

„der Garten" — der botanische Garten am Joanneum.

„Lesliehof" — in welchem die Sammlungen des Joanneums untergebracht wurden.

„Vorschlag der Stände" — zur Ernennung Vest's zum Professor am Joanneum.

„*kein Concurs*" — s. Brief Nr. 7.

„*Jaquin*" — Joseph Franz Freiherr von Jacquin, geboren 1776, gestorben 1839, Arzt und Naturforscher, Sohn des berühmten Botanikers Nikolaus Joseph Freiherrn von Jacquin (1727—1817), war von 1807 bis 1838 Professor der Chemie und Botanik an der Universität zu Wien, Forscher auf verschiedenen Gebieten der Naturwissenschaft, machte sich besonders durch die Vergrösserung des botanischen Gartens der Universität Wien verdient.

„*Thernberg*" — s. Brief Nr. 5.

„*Aflenzer und Tragösser Alpen*" — nördlich von Bruck an der Mur in Obersteiermark.

„*Schladming*" — s. Brief Nr. 5.

*Nr. 10.*

*Ihren Brief erhielt ich und freuet mich, dass sie bereits in Gratz eingetroffen sind, nun werden sie das Locale und die Anstalt selbst prüfen können und finden wie viele Lücken noch auszufüllen sind, mit Zeit und Geduld wird alles zu Stande kommen.*

*Bis Ende dieses Monathes komme ich nach Grätz und da lässt sich mündlich alles jene abreden, was noch nothwendig ist, ihre Meinung in Rücksicht des botanischen Gartens und dessen Einrichtung wünschte ich sehr zu hören, über dessen Eintheilung und welche Gewächse sie darinn wissen möchten. In Rücksicht des Laboratoriums werde ich manch abgängiges mitbringen und sehen, dass bey meiner Ankunft die lezte Hand daran geleget werde. Gut wäre es, wenn sie einen Entwurf vorbereiteten, wie sie Botanik und Chemie geben wollen und welche Stunden sie dazu bestimmt wissen wollen, es könnte dann bei meiner Ankunft alles festgesetzet werden. Dieses Jahr ist die Vegetation verspäthet, nichts destoweniger vermuthe ich ein gutes Alpenjahr und gedenke so manchen Winkel durchzuspähen. Leben sie wohl  Johann.*

*Wienn am 10. May 1812.*

„*das Locale und die Anstalt*" — das Joanneum.

„*botanischer Garten*" — am Joanneum.

„*Laboratorium*" chemisches, am Joanneum.

*Nr. 11.*

*Ihren Vorschlag, wie der botanische Garten einzurichten
ist, billige ich vollkommen; die Ordnung wäre nach dem Sexualsystem, nach Willdenow und classenweis und darinnen jene
Pflanzen enthalten seyn, die sie anführen; da aber ich von hier
etwas senden kann, wird es nothwendig seyn, zu wissen, was
sie dort und in der umliegenden Gegend erhalten können. Darüber
möchte ich ein Verzeichniss haben, dann werde ich das übrige
von hier senden. Über die Art des Unterrichtes, die Eintheilung
desselben, dann ob es ein Zwang-Studium seyn soll, bey meiner
Ankunft mündlich, so viel kann ich sagen, dass ich das leztere
wünsche, besonders für einige Classen. Es wird mich freuen,
wenn, so wie sie mir schreiben, Beyträge eingehen werden, auf
Fradeneg's Fleiss und Eifer rechne ich sehr, er greifet die Sache
zweckmässig und mit Einsicht an. Noch bin ich im Zweifel,
wann ich komme, doch ich hoffe bald, leben sie wohl. Johann.*

*Wienn, am 30. May 1812.*

„*der botanische Garten*" — am Joanneum in Graz.

„*nach dem Sexualsystem*" — Linné's; Vest ordnete
jedoch die Pflanzen im Joanneumgarten nicht nach diesem,
sondern nach einem von ihm entworfenen natürlichen
Systeme. (S. oben S. 77.)

„*Willdenow*" — Karl Ludwig, geb. 1765, gest. 1812,
Professor an der Universität zu Berlin; er gab Linné's
Species plantarum (Berlin 1798 ff., 6 Bände) heraus.

„*für einige Classen*" — des Lyceums in Graz.

„*Fradeneg*" — ? vielleicht Vest's Schwiegervater
(s. oben S. 77).

*Nr. 12.*

*Ihr Verzeichniss erhielt ich und werde nach und nach
alles jene zu erhalten trachten, was noch mangelt. Was das
Chemische Laboratorium betrifft, so hoffe ich, dass die Bänke,
Stellen und im Nebenzimmer alles, was bestimmt war, wird
gemacht seyn, über ihren Entwurf bey meiner nächstfolgenden*

*Ankunft mehr; sowie auch über einige Excursionen, die ich im Julius und August zu machen gedenke. Leben sie recht wohl, das übrige mündlich.*  Johann.

*Wienn, am 15. Junius 1812.*

„*Verzeichniss*“ — der Pflanzen, welche für den botanischen Garten in der Umgebung von Graz zu erhalten sind. (s. Brief Nr. 11).

„*das chemische Laboratorium*“ — am Joanneum.

„*einige Excursionen*“ — im August 1812 besuchte der Erzherzog Mariazell, Weichselboden und Gschöder, bestieg von da aus die Hochalpe, den Hochstein, und ging über die Sackwiesenalpe und Buchberg nach Thörl hinab. (S. meine Abhandlung in der „Zeitschrift des Deutschen und Oesterreichischen Alpenvereines“, 1882, S. 16.)

*Nr. 13.*

*Mich freuet es zu vernehmen, dass an den Verzeichnissen bereits gearbeitet wird — unter den Vögeln befinden sich blos inländische, die Anas sponsa wäre höchstens von Seite des Directors-Schreibers angegeben worden — sollte sie aber nicht auf der Donau oder den Ungarischen Morästen geschossen seyn. Lathams Werk muss ich mir zu verschaffen suchen. — Am nothwendigsten wäre es, wenn die Herren Professoren, vereint mit Kollmann mir ein Verzeichniss der nothwendigen Bücher vorlegten, diese sind nemlich jene Hauptwerke, die unentbehrlich sind. — Dann kann nach und nach alles beygeschaffet werden; es ist dies darum nothwendig, damit man über die im Museo enthaltenen Gegenstände nachschlagen könne. Etwas schwer wird es halten mit den verlangten Fossilien; Pechblende und der Sand vom Plattensee wird keine schwere Sache seyn, desto mehr aber Tellur und Zirkon, indessen werde ich trachten einiges aufzutreiben; Platina wäre hier zu bekommen, in Körnern und verarbeitet und um einen mässigen Preis. Nächstens sende ich ihnen eine Kiste mit allen Mustern von Gefässen aus Glas, Steingut, Reissbley etc. — da können sie wählen und dann*

*bestimmen, wie viel sie von jedem zu erhalten wünschen. Halb-*
*jährig kann die Lieferung geschehen und dann von Seite des*
*dazu bestimmten Fonds bestritten werden; vielleicht würde die*
*Porcellainfabrique die ganze Lieferung übernehmen, ich sah*
*dort manches gute, was ich bereits bestellte, es sind Reibschalen,*
*Trichter etc. von Erde. Die Beleuchtungslampen werden nächstens*
*folgen, sie werden hier bey Rospini gemacht. Einen Mörser von*
*Serpentin oder Granit kann ich bekommen, am besten glaube ich,*
*wären solche von Gusseisen zu gröberen Arbeiten, von Porphyr*
*zu kleineren, allein diese sind äusserst selten zu erhalten. Den*
*Vorrath an Chemischen Werkzeugen, den ich noch besass, habe*
*ich ihnen gesendet; ich hätte hier zwei eiserne Öfen auf Räder,*
*die ich auch senden könnte. Leben sie wohl.* Johann.
*Wienn, am 8. Hornung 1813.*

„*an den Verzeichnissen*" — der naturhistorischen Sammlungen des Joanneums.

„*Anas sponsa*" — Brautente oder Baumente, in Mexiko
und Nordamerika heimisch, kommt bisweilen nach Europa.

„*Director Schreibers*" — des Schreibers in der Directions-
kanzlei des Joanneums. Der Erzherzog zweifelt an der Richtigkeit der Bestimmung.

„*Lathams Werk*" — John Latham, geb. 1740, Arzt und
Ornitholog in London, er schrieb: General synopsis of birds
(London 1782—1801, 5 Bände) deutsch von Bechstein
(Nürnberg 1792 ff.) und Index ornithologicus (2 Bände,
London 1799—1802).

„*Kollmann*" — Ignaz (1775—1837) wurde 1811 Scriptor
am Joanneum, war später Redacteur der „Grazer Zeitung" und
ihrer Beilage „Der Aufmerksame"; er schrieb selbst zahlreiche
poetische Werke, historische und culturhistorische Aufsätze.

„*Porzellainfabrique*" — die k. k. Porzellanfabrik in Wien.

„*Rospini*" — Verfertiger physikalischer Apparate in Wien.

*Nr. 14.*
*Ich habe Ihren Brief vom 23. l. M. erhalten und nehme*
*das Mitgetheilte zur Wissenschaft.*

*Rücksichtlich des Gr. Egger wäre es auf irgend eine Art gut. Ihm begreiflich zu machen, dass bei dermaligen Verhältnissen es vortheilhafter wäre, wenn er seine Sammlung einem öffentlichen Institute überliesse, indem solche dort im Falle einer feindlichen Invasion mehr Sicherheit hätte, als im Besitz eines Privaten. Übrigens kann er um Erlangung der Kämmerers Würde einschreiten; Ich werde dann das Gesuch unterstützen.*

*Wegen Garten ist nun einmal nichts zu machen, bis Ich Mir von Seiner Majestät die Genehmigung erbeten haben werde. Hier muss man noch in Geduld einen günstigen Zeitpunct abwarten. Mir ist es angenehm zu erfahren, dass Sie mit Müller zufrieden sind. Leben Sie wohl*      *Erzh. Johann.*

*Wien den 27. July 1813.*

„*Gr. Egger*" — Durch den Brief Vest's vom 23. Juli 1813 und durch diesen Brief des Erzherzogs wurde die Erwerbung der Sammlungen des Grafen Egger für das Joanneum eingeleitet. (S. oben S. 75—76.)

„*feindliche Invasion*" — Gerade damals stand Oesterreich vor dem Ausbruche des Krieges mit Frankreich, am 12. August erfolgte die Kriegserklärung und ein französisches Heer unter dem Vicekönige Eugen bedrohte von Italien aus Kärnten, wo sich bei Klagenfurt die Sammlungen Eggers befanden.

„*wegen Garten*" — Vest drängte auf Vergrösserung des botanischen Gartens, welche aber erst 1815 ausgeführt werden konnte.

„*Müller*" — Gärtner am Joanneum.

Nr. 15.

*Es freut mich, dass sie rücksichtlich des von Mohs mir eingesendeten Entwurfes das Institut betreffend einstimmig sind. Mohs hat ganz meine Ansicht aufgefasst, nun heisst es die Schwierigkeiten überwinden, ich hoffe es soll gehen. Eggers Lieferung von 2000 Tafeln und jene Herberts haben mich erfreut; hoffentlich wird eine von Sr. Majestät zu bewirkende Auszeichnung für Franz Egger ihn zur baldigen Schenkung seiner Sammlungen bewegen. Der Prozess mit dem Nikel wird ihnen viel Mühe machen, ich erzeugte ihn einst aus dem bey Erzeugung der Schmalte zurückbleibenden Kuchen nach der Richterischen Methode, sie ist langwierig aber sicher. Die Erzeugung eines Chromkörpers aus dem grünen Oxyd beschäftigt mehrere hiesige Herren. Vorräthe an diesem Erze haben wir nun hinlänglich. Das Insektenverzeichniss erhielt ich — es soll mir dazu dienen, damit nichts doppeltes hier geliefert werde; wie die Witterung besser wird, sende ich die ausgestopften Thiere, die hier sind, als Wildschwein M. und W., Damhirsch M. W., Luchs, Gemse, Wolf und einige andere Kleinigkeiten. Johann.*

*Wienn am 23. Hornung 1814.*

„*Mohs*" — Friedrich, der berühmte Mineralog, geboren zu Gernrode in Anhalt-Bernburg am 29. Jänner 1773, gestorben auf einer Studienreise zu Agordo im Venetianischen am 29. September 1839, war von 1811 bis 1818 Professor der Mineralogie und Custos der mineralogischen Sammlung am Joanneum, trug wesentlich zu ihrer Vermehrung bei und führte eine ausgezeichnete Aufstellung derselben durch.

„*Egger*" — s. oben S. 75—76.

„*Herbert*" — Wahrscheinlich Albin Freiherr von H. (1787—1834) Fabriksbesitzer in Käruten.

„*M. und W.*" — Männchen und Weibchen.

**Nr. 16.**

*Rücksichtlich der Platina-Dräthe werde ich das nöthige besorgen. Das Erz, was sie auf Kupfer versuchet, ist wie ich glaube jenes, worauf in Faal gebauet wird — es ist in jeder Rücksicht schlecht — oder ist es jenes aus Croatien, über welches einige Leute sich so viel Hoffnung machen. Die Sachen aus Brasilien sind angekommen, für Anker habe ich eine Kiste Gebürgs-Arten und von den Sämereyen erhielt ich bereits einiges und ich hoffe durch die Gnade des Kaisers noch manches zu erhalten. Um nicht Zeit zu verliehren, sende ich ihnen die ersten — Müller soll sie ohne Zeitverlust ins Lohbeth setzen und gut pflegen, es ist darunter manches neue als:*

1. *Stiftia flaminensis,*
2. *Fructus muricetus edulis,*
3. *Anona spec.,*
4. *Jacaranda flor. atropurpureis,*
5. *Palma ignota,*
6. *Arbor ignota,*
7. *Ignota,*
8. *Coca dedeuda,*
9. *Stiftia macrocarpa,*
10. *Frutex scandens,*
11. *Cerbera Thevetia,*
12. *Palma — ?*
13. *Palma — ?*
14. *Stizolobium altissimum,*
15. *Coca — ?*

*Die Namen sind zu verzeichnen und wohl auf die Suchen acht zu haben — da ich hoffe, dass das meiste aufgehen wird.*

*Wie ich einen zweyten Transport bekomme, sende ich ihn gleich ab. Schreiben sie mir, sobald sie dieses erhalten und was Müller damit gemacht. Leben sie wohl.*    *Johann.*

*Wienn am 8. December 1818.* [8]

---

[8] An diesen Brief reiht sich chronologisch folgendes Schreiben des Adjutanten des Erzherzogs an Vest:

*Nachdem mir S. K. H. unlängst Ihren Brief vom 28. März nebst jenen des Prof. Brignoli (der hier zurückfolgt) ohne weitere Bestimmung zuschickten, so glaubte ich hierüber dem Erzherzog einen Vortrag erstatten zu müssen, worauf Höchstdieselben mittelst Zuschrift vom 17. dieses diesen Gegenstand nach meinem Vorschlag zu erledigen geruheten.*

*Da mir jedoch der Werth des Werkes, weder in wissenschaftlicher noch in pecuniärer Rücksicht bekannt ist, so über-*

„*Faal*" — westlich von Marburg an der Drau.

„*Anker*" — Mathias (1771—1843), Mineralog, Adjunct des Professor Mohs (s. Brief Nr. 15), seit 1824 Professor der Mineralogie und Custos der mineralogischen Sammlungen am Joanneum.

„*Müller*" — s. Brief Nr. 14.

*Nr. 17.* *Brandhof am 26. Junius 1821.*

*Endlich ist gute Witterung, allein mit dem Botanisiren in höheren Regionen gar nichts anzufangen, ein während 8 Tagen gefallener Schnee deket die Höhen und er wird schwerlich vor Ende dieses Monathes weichen. — Der halbe Julius, bis wohin sich die erfrorenen Pflanzen erhohlen können, wird die beste Zeit werden. Es ist recht gut, wenn sie die 4 Abtheilungen der Sammlung im Garten ergänzen lassen, damit dieser Theil einmal vollständig werde. Allerdings ist es besser, die Tafeln mit Nummern zu versehen, allein dieses ziehet die Nothwendigkeit eines gedruckten Verzeichnisses zum Gebrauche der Leute nach sich, damit sie im Garten wissen können, welche Pflanzen jene sind, die vor ihnen stehen.*

*Das nothwendigste ist nun, den Entwurf über die Anlage*

———————

*lasse ich es Ihrer Einsicht, dasselbe nach Befund anzunehmen oder abzulehnen und ersuche mich im ersten Fall gefälligst zu verständigen, damit ich wegen der hiezu erforderlichen — hoffentlich mässigen — Summe das Nöthige einleiten könne.*
*Wien den 20. April 1821.*

*Auf höchsten Auftrag*
*Joachim Freiherr von Schell*
*Hauptmann-Adjutant.*

„*Brignoli*" — es handelt sich hiebei jedenfalls um das Werk „Fasciculus rariarum plantarum (Forojulii, 1810) von J. Brignoli, welcher, ein tüchtiger Botaniker, Professor der Naturgeschichte zu Urbino, später zu Verona war und nach dem auch eine Pflanzengattung Brignolia benannt ist.

*des Arborets zu unterlegen und dieses aus vielen Gründen, vorzüglich darum, damit nicht jener vormals zur Baumschule gewidmete Theil leer und öde bleibe, welches freylich manchem erwünscht ist, um seiner Galle über die weggekommene Baumschule Luft zu machen, dann damit die Leute sehen, was man beabsichtiget und somit der Botanische Garten in seiner Anlage beendiget werde. Vieles liefern die nächsten Gegenden, vieles Wienn, manches das Ausland, woher es durch Tausch zu erhalten ist. Sie könnten izt den Entwurf machen, wie sie das Arboret ordnen wollen und die Plätze bestimmen, wohin jedes zu kommen hat, mir aber bald diesen Entwurf senden, es versteht sich von selbst mit Rücksicht auf die trockene obere und feuchte untere Lage.*

*Das Ereigniss mit dem Laboranten wurde mir angezeiget, da es Competenten genug um diese Stelle giebt, so trachten sie, einen arbeitsamen, geschickten, vorzüglich aber reinlichen Menschen zu bekommen.*

*Ich werde nächstens meine Filialbereisungen beginnen, vielleicht sehe ich sie im August auf ein paar Tage in Gratz.*

*Leben sie recht wohl.*            *Johann.*

„*Brandhof*" — der Brandhof, eine einfache Alpenbesitzung am Nordabhange des Seeberges an der Strasse von Aflenz nach Mariazell in Obersteiermark, war seit 1818 im Besitze des Erzherzogs, der mit besonderer Vorliebe häufig hier verweilte, um dem einzigen Vergnügen, das er sich gönnte, der Jagd, von da aus nachgehen zu können.

„*im Garten*" — im botanischen Garten des Joanneums zu Graz.

„*Arboret*" — die Baumpflanzung, welche sich im südöstlichen Theile des Gartens befand.

„*Baumschule*" — 1821 wurde beschlossen, die 1812 angelegte Baumschule aufzugeben und sie der k. k. Landwirthschaftsgesellschaft zur Verwendung in ihrem Muster- und Versuchshof zu überlassen; zur Ausführung dieses Beschlusses kam es aber vollständig erst 1834.

„*Filialbereisungen*" — Bereisung der Filialen der k. k. steiermärkischen Landwirthschaftsgesellschaft, deren Gründer und Präsident der Erzherzog war.

**Nr. 18.** *Wienn am 11. December 1821.*

*Eben erhalte ich aus Engelland 4 Gattungen Samen, vom Immelaya in Nepaul, 2 sind Bergreiss-Gattungen – ich wünsche dass wir etwas herausbringen mögen, 1 ist eine Fichtengattung, 1 ist eine Thora? diess kenne ich nicht. Müller soll sie gut pflegen und im Glashause, nicht im warmen, setzen, ich wünsche, dass wir sie davonbringen, man verspricht mir 30 Sorten Neuholländer-Pflanzen-Samen, wir wollen sehen, was diese seyn werden.*

*Übrigens nicht viel Neues, ich erwarte erst meine Zeitschriften, um für die unsrige zu excerpiren. Eine neue montanistische Reise Karstens ist erschienen, ich habe sie gelesen, sie ist äusserst interessant, weil sie Kährnthen und Steyer betrifft, sie verdient in kurzem Auszuge in das Notizenblatt der Zeitschrift zu kommen, ich schreibe darüber Ankern. Da ich beynahe keine Geschäfte hier gefunden, so will ich den Winter fleissig für uns arbeiten, umsomehr da ich wenig ausgehe, folglich Zeit dazu habe.*

*Da mir die Gastein im künftigen Hochsommer unerlässig wird, so will ich indess mich recht mit der Gegend bekannt machen — da denn von dort sich die beste Gelegenheit darbietet, die wenig bekannten Gegenden des Ankogels, wo das Elend, die Malnitz einerseits, anderer Seits der Mahrwinkel, die Gross-Arl und das Gasteiner Anlauf-Thal entspringen. — An guten Karten wird es nicht fehlen, um sich vorzubereiten und ich werde vorläufig mir den benöthigten Theil abzeichnen lassen.*

*Die Brasilianer Sachen habe ich noch nicht gesehen. Pohl, der viel geleistet, kränkelt, folglich sah ich ihn noch nicht. Vielleicht kann ich da auch etwas erhalten. Nun leben sie wohl.*

*Johann.*

„*Immelaja*" — Himâlaya.

„*Thora*" — Ranunculus Thora, L., ein Giftkraut.

„*Müller*" — s. Brief Nr. 14.

„*für die unsrige*" — für die steiermärkische Zeitschrift.

„*Karsten*" — Karl Johann Bernhard, geboren 1782, seit 1819 Oberbergrath beim Ministerium des Innern in Berlin, gestorben am 22. August 1852. Der Titel des Werkes, welches der Erzherzog erwähnt, lautet: „Bemerkungen über eine metallurgische Reise durch einen Theil von Baiern und durch die süddeutschen Provinzen Oesterreichs." Excerpirt erscheint es in der „Steiermärkischen Zeitschrift, III. Heft, 1821" S. 110—141.

„*Anker*" — s. Brief Nr. 16.

„*Gastein*" — der Gebrauch der Bäder von Gastein.

„*Brasilianer Sachen*" — Die österreichische und die bairische Regierung veranstalteten eine naturhistorische Forschungsreise nach Brasilien, welche 1817—1821 stattfand; an der Spitze dieser Expedition stand der berühmte Botaniker Karl Friedrich Philipp von Martius (geboren 1794), der nach seiner Rückkehr Professor und Director des botanischen Gartens in München wurde. An dieser nahmen auch österreichische Gelehrte theil, welche mit reicher Ausbeute an Naturalien nach Wien zurückkamen.

„*Pohl*" — Johann Baptist Emanuel, Naturforscher, geboren zu Böhmisch-Kamnitz am 22. Februar 1782, nahm an der oberwähnten Expedition nach Brasilien theil, wurde 1821 Custos am k. k. Hofmuseum in Wien, starb am 22. Mai 1834.

*Nr. 19.*                          *Vordernberg am 15. Junius 1822.*

*Hoffentlich wird die anhaltende warme Witterung sie ganz herstellen, wir braten lebendig in unserem Gebürge, alle unsere Wiesen sind gelb, die Alpen in voller Blüthe, so dass ich glaube, dass im August auf denselben nichts mehr zu finden sein wird. Ein wahrlich sonderbares Jahr — es muss eine Afrikanische Luft zu uns herüberwehen — oder haben vielleicht die Gelehrten aus Bayern und Oesterreich mit ihren Sammlungen auch das*

*Brasilianische Clima gebracht — ich mache mir nichts daraus, denn mir bleiben meine Alpen, wohin ich mich rette, wenn es mir in der Tiefe zu warm wird. Ich wünschte recht sehr, dass ihnen das Dobelbad gut anschlage — aber ist es vielleicht nicht zu schwach, darüber müssen die Ärzte sprechen. Mich freut es, wenn Müller glücklich mit den Sämereyen ist — denn ich höre von den übrigen Gärten gar nichts. Jetzt gehe ich auf einige Tage nach dem Brandhofe, richte mich dann für die Gastein und werde anfangs August zurückkehren, da können sie mich besuchen. — Ich wünsche, dass der alte operirte Michel genese, es wird mich recht freuen, denn ein Menschenleben ist viel werth. Leben sie recht wohl.*                                      *Johann.*

„*Vordernberg*" — in Obersteiermark, wo der Erzherzog zwei Hochöfen besass und sich häufig für längere Zeit aufhielt.

„*das brasilianische Klima*" — s. Brief Nr. 18.

„*Dobelbad*" — ein warmes Bad, westlich von Graz.

„*Müller*" — s. Brief Nr. 14.

„*Brandhof*" — s. Brief Nr. 17.

„*Gastein*" — s. Brief Nr. 18.

„*Michel*" — ein Diener am Joanneum.

Nr. 20.                                    *Brandhof am 13. December 1822.*

*Ich schreibe nach Wienn an Binner mit dem Auftrage. sich mit Tratinik ins Einvernehmen zu setzen — Portenschlag hatte einen Schatz Pflanzen beysammen und gehörte zum Glücke nicht zu den excentrischen subtilen Botanikern. folglich war in seinen Bestimmungen Richtigkeit. Zahlbruckner kann in Wienn sich damit beschäftigen — was diesen Kranken betrifft, so bin ich der Meinung. dass er, wie er reisen kann, nach Neustadt gehe und sich dort vollkommen erhohle, dieses meinet auch Peintinger — unsere Luft hier ist gewaltig rauh, Nebel, 2 Grad Kälte, Winde, ich in beständiger hin und her Bewegung. dazu ist er izt nicht geeignet. überdiess habe ich alle Geschäfte für diess Jahr geschlichtet und geordnet und folglich für ihn nichts zu thun übrig; sollte der Kaiser bald kommen, so kann er mich*

*in Gratz erwarten und dann von dort nach Hause zurück-*
*kehren. Diess schreibe ich aber bloss zu ihrer Wissenschaft,*
*um ihn dazu gelegenheitlich zu stimmen — ich habe ihn schon*
*krank gesehen — ja da ist es ein Elend — er ist zu klein-*
*müthig, apprehensiv und wehleidig, leider hilft dazu, dass er*
*einige Ideen der Medizin hat — wäre er Anatom, so wäre es*
*vollends aus. Wir haben gar keinen Winter, hier ist bloss Reif*
*und Schnee, kaum dass man ihn siehet, die Kälte nie unter 2⁰*
*— dabey neblicht und windig — was das schlimmste ist, ist*
*der Wassermangel, der für manche sehr drückend ist. Alle*
*Anzeigen sprechen für ein frühes und schönes Frühjahr, welches*
*ich am meisten wünsche, weil ich mit meinen Gebäuden endigen*
*möchte, um einmal Ruhe zu haben. In Vordernberg siehet es*
*gut aus. Vielen Dank für ihre Mühe und Geduld mit den*
*Patienten, das ist für den Arzten oft beschwerlicher als die*
*Krankheit selbst. Nun leben sie recht wohl.* *Johann.*

„*Brandhof*" — s. Brief Nr. 17.

„*Binner*" — damals Secretär des Erzherzogs.

„*Trattinik*" — Leopold Trattinik, Botaniker, geboren zu
Klosterneuburg am 26. Mai 1764, von 1808—1835 Custos
am k. k. Hof-Naturaliencabinet in Wien, gestorben daselbst
am 14. Jänner 1849.

„*Portenschlag*" — Franz Edler von Portenschlag-Leder-
mayer, geboren am 13. Februar 1772 zu Wien, wendete sich
frühzeitig dem Studium der Naturwissenschaften, insbesondere
der Botanik zu; wurde zwar Doctor der Rechte und Hof-
und Gerichtsadvocat, entsagte jedoch bald dieser Stelle, um
sich ganz seinem Lieblingsstudium widmen zu können; er
durchstrich alljährlich die Alpen und andere Gebirge Oesterreichs, sammelte Pflanzen und erwarb sich dadurch ein grosses
Herbarium. „Als im Jahre 1809 während der Besetzung Wiens
durch die Franzosen die naturwissenschaftlichen und physi-
kalischen Sammlungen des Erzherzogs *Johann* von denselben
mit Beschlag belegt wurden, unterstützte Portenschlag die
beiden Custoden derselben mit Rath und That, um die

Sammlungen zu retten, ja setzte sich selbst durch seine
energische und männliche Sprache, den damaligen französischen
Behörden gegenüber der Gefahr aus, seine persönliche Freiheit
zu verlieren. Die Folge von diesem Einschreiten Portenschlags
zu Gunsten der erzherzoglichen Sammlungen war, dass er im
Jahre 1811 dem Erzherzog Johann vorgestellt wurde, auf den
Portenschlags Charakter und Kenntnisse einen so günstigen
Eindruck machten, dass er ihn zum Begleiter auf seinen Reisen
wählte, welche er 1811 und in den folgenden Jahren zur
naturwissenschaftlichen Erforschung der Steiermark unternahm.
So begleitete Portenschlag 1812 den Erzherzog auf einer
Reise nach den Kalkalpen des Ober-Ennsthales und den hohen
Gebirgsumgebungen von Aussee. Im Jahre 1814 nach dem
in botanischer Hinsicht reichsten Theile der Steiermark, nach
den hohen Granitgebirgen südlich vom oberen Ennsthale, die
dieses Land von Salzburg trennen. Hier bestieg Portenschlag
mit dem Erzherzog die gegen 9000 Fuss hohe „Wildstelle"
und den noch höheren „hohen Golling", von welchen Bergen
er neue Beiträge zur Flora Steiermarks herunterbrachte".
(Wurzbach, Biographisches Lexikon, 23. Theil, S. 127—129).
1812 begleitete er den Kaiser und die Kaiserin als Botaniker
auf der Reise nach Dalmatien und bereicherte dadurch die
Flora Oesterreichs mit nahe an 200 neuen Species. Er starb
zu Wien am 7. November 1822. Das grossartige Herbarium
Portenschlag's schenkte dessen Vater dem k. k. botanischen
Museum in Wien mit der Bedingung, dem Joanneum
in Graz die Duplicate (an 3000 Species) zu überlassen.
(Göth, Joanneum, S. 55.)

„*Zahlbruckner*" — Johann, geboren zu Wien am
15. Februar 1782, widmete sich dem Studium der Natur-
wissenschaften, besonders der Botanik; bei Gelegenheit eines
Ausfluges auf den Schneeberg 1805 lernte ihn Erzherzog
Johann kennen, der ihn 1808 in seine Dienste nahm; er
ordnete die damals in Wien befindlichen naturgeschichtlichen
Sammlungen des Erzherzogs, welche 1811 dem Joanneum in
Graz zugewendet wurden; 1810 übertrug ihm der Erzherzog

die ökonomische Verwaltung der Herrschaft Thernberg,
1818 ernannte er ihn zu seinem Privatsecretär. Als solcher
begleitete er den Erzherzog häufig auf seinen Reisen durch
Steiermark, Salzburg, Kärnten und Tirol. Seit 1828 lebte er in
Wien, leitete den ökonomischen Theil der k. k. nieder-
österreichischen Landwirthschaftsgesellschaft und war als
Forscher und Schriftsteller auf dem Gebiete der Botanik thätig.
Er starb am 9. April 1851 zu Graz.

„*Peintinger*" — Arzt.

„*mit meinen Gebäuden*" — Umbau des Brandhofes.

„*Vordernberg*" — s. Brief Nr. 19.

Nr. 21.                                   *Vordernberg am 18. April 1823.*

*Die Pflanzen sind gut angekommen und bereits gesetzet,
da der Garten nicht gross ist und eigentlich die Bestimmung
hat, Gemüse und Blumen in so weit zu ziehen, als sie für den
Absatz in der Gegend geeignet sind, so reichten die übersendeten
vollkommen hin. Ich hatte ohnediess vorher von Schönbrunn
einiges mitgebracht und aus Cassel eine Rosensammlung von
219 Gattungen, unter welchen sich einige recht schöne befanden,
erhalten, auf diese Weise ist mein Garten hinlänglich versehen.
Wir haben seit ein paar Tagen Wärme, aber keinen Regen und
dieser wäre uns so nöthig, da der Boden sehr trocken ist. —
Die kalten Winde haben alles ausgetrocknet und die Vegetation
rücket gar nicht vor. Unsere Alpen haben zwar Schnee, aber
bey weiten nicht so viel, wie in den anderen Jahren, wenn nur
nicht wieder ein dürrer Sommer einfällt, er wäre bey dem
itzigen Zustande des Bodens doppelt empfindlich. Sie schrieben
einmal um eine Primel, welche weiss ich nicht, die bekannten
ausgenommen wächst nur eine auf dem Raiding, ich sah sie
im Garten des Pfarrers von Mautern, Constantin Keller — sie
ist blassroth und staubig — ist es vielleicht diese? aber itzt ist
noch zu viel Schnee, um an die Standorte zu kommen, erst mit
halben Mai wird die Frühlingsflor beginnen, dann können wir
ihnen das gewünschte liefern. Pohl versprach Brasilianer-Samen,*

*ich weiss nicht, ob sie durch Schell welche erhalten haben; ich
werde auf jeden Fall ihn darauf erinnern.*

*Mein Ofen gehet gut seit Ostern, weil wir wieder Wasser
haben, hoffentlich wird es nunmehr dauern. Leben sie recht wohl.*

*Johann.*

„*Vordernberg*" — s. Brief Nr. 19.

„*von Schönbrunn*" — dem kaiserlichen Lustschloss
bei Wien.

„*Raiding*" — Reiting, Berg südlich von Vordernberg.

„*Mautern*" — im Liesingthal in Obersteiermark.

„*Constantin Keller*" — geboren zu Graz am 18. April 1778,
trat in das Benedictinerstift Admont ein, war von 1802—1810
Gymnasiallehrer, Hauptschuldirector, Professor der Katechetik
und Pädagogik in Admont, von 1810—1824 Pfarrer in
Mautern, seit 1824 in Gröbming; er war ein ausgezeichneter
Pomolog und erwarb sich in den Gebieten seiner Wirksamkeit
grosse Verdienste um die Förderung der Landescultur und
um die Ausbreitung der k. k. Landwirthschafts-Gesellschaft.

„*Pohl*" — s. Brief Nr. 18.

„*Brasilianer Samen*" — s. Brief Nr. 18.

„*Schell*" — Hauptmann Joachim Freiherr von Schell,
Adjutant des Erzherzogs.

„*mein Ofen*" — Hochofen in Vordernberg.

**Nr. 22.**                                      *Brandhof am 23. August 1823.*

*Der Sauerbrunn, welcher ihnen zur Analyse gesendet wurde,
ist zu Lorenzen ohnweit Knittelfeld und wird dort stark getrunken.
Die Ursache an seinem geringen Gehalte mag darinnen liegen,
weil eine süsse Quelle vereiniget seyn soll. ich selbst war nicht
dort. Die Witterung wird nun günstiger, von Vordernberg kam
ich über den Hoch-Schwaben hieher und fand die schönste
Vegetation. allein die meisten Pflanzen durch einen schweren
Hagel zerrissen; dieses widerfuhr manchen Alpen in diesem
Jahre. Wer Excursionen machen will, mache sie jetzt, denn
nach allen unseren Anzeigen erwarten wir einen frühzeitigen
Winter. Neues erhielt ich nichts, nur fand ich die grosse gelbe*

4*

*Viola häufig in der Thalfläche des Prettsteiner Grabens bey einer Holzmeisterhütte, ohnweit der Neualpe, also brauchet man sich nicht mehr auf den Bösenstein zu bemühen — die Alpen im Pusterwalde, Oppenberg und Donnersbache verdienten eine Untersuchung — ich wollte in diesem Jahre es vornehmen, allein mich verfolgte Regen und Schnee und ich musste es auf ein anderes günstiges Jahr verschieben, da glaube ich, müsste noch manches zu finden seyn. Morgen gehe ich auf ein paar Tage nach Vodernberg und dann zu den Prüfungen nach Wienn, weil ich bis 6.—7. in Graz seyn will. Dort werde ich sie also wiedersehen und ihnen meine Bemerkungen über Kährnthen mittheilen. Leben sie recht wohl.*    *Johann.*

„*Brandhof*" — s. Brief Nr. 17.

„*Lorenzen*" — St. Lorenzen bei Knittelfeld an der Mur in Obersteiermark.

„*Vodernberg*" — s. Brief Nr. 19.

„*Hochschwab*" — Berg in Obersteiermark, Mittelpunkt einer grossen Gebirgsgruppe zwischen dem Mur-, Liesing-, Palten-, steirischen Salza- und Mürzthale.

„*Prettsteiner Graben*" Prettstein Graben im Bezirke Oberzeiring in Obersteiermark.

„*Neualpe*" — in der Gemeinde Prettstein, Bezirk Oberzeiring im sogenannten Auwinkel.

„*Bösenstein*" — Berg (2460 Meter) in der Gemeinde Hohenmauthen. Bezirk Oberzeiring.

„*Pusterwald*" — Orts- und Catastralgemeinde im Bezirke Oberzeiring, ein sechs Stunden lang hinziehender Graben im Gebiete der niederen Tauern in Obersteiermark.

„*Oppenberg*" — Orts- und Catastralgemeinde im Bezirk Rottenmann an der Nordseite der niedern Tauern in Obersteiermark.

„*Donnersbach*" — Seitenthal des Ennsthales in Obersteiermark.

„*zu den Prüfungen*" — an der k. k. militärischen Akademie, deren Generaldirector der Erzherzog war.

*Nr. 23.* *Vod. am 8. December 1826.*

*Für das mir übersendete Verzeichniss aus der Baumschule danke ich ihnen, ich wünsche, dass sie guten Absatz haben und dass erstere sich immer mehr ausbreiten möge. Beyliegend sende ich ihnen das wenige, was ich in diesem Jahre in Gastein fand, vielleicht dass doch eines oder das andere zu brauchen ist; die meisten habe ich hier lebendig gebracht, sie sind dermalen unter dem Schnee begraben und ich wünsche nur, dieselben zu retten, obgleich ich nicht die Schwierigkeiten verkenne, unter welchen diese unterliegen; vielleicht glüket es mir besser auf dem Brandhofe, wo ich erst im künftigen Sommer die Anlage dazu machen will. Leben sie recht wohl.* *Johann.*

„*Vodernberg*" — s. Brief Nr. 19.

„*Verzeichniss aus der Baumschule*" — s. Brief Nr. 17.

„*Gastein*" — wo sich der Erzherzog zum Curgebrauche aufgehalten hatte.

„*Brandhof*" — s. Brief Nr. 17.

*Nr. 24.* *Bh. am 21. Mai 1833.*

*Da sich eben eine günstige Gelegenheit ergiebt, so benütze ich dieselbe, um ihnen in einem kleinen Gartengeschirr die Cochlearia zu senden — sie vermehrt sich durch Samen und ist schon dadurch auf dem Brandhofe einheimisch geworden: für die mir übersendeten Sämereyen danke ich, die Wulfenia habe ich bereits schon so vermehret, dass ich viel Saamen jährlich erhalte und dieselbe als Einfassung von Blumen-Beeten benütze, so hoffe ich mit mehreren Pflanzen fortzukommen, die Corthusa, die Arniken, die grösseren Gentianen sind in gleichem Falle; es bedarf einiger Mühe, bis man auf die Art und Weise gelanget, sie bleibend zu machen; izt wo es gehet, gedenke ich bey der Wiener Blumen-Ausstellung für 1834 um den Preis zu concurriren.*

*Leben sie recht wohl, bis ich sie in Graz wiedersehe.* *Johann.*

„*Bh*" — Brandhof, s. Brief Nr. 19.

\*\*

www.ingramcontent.com/pod-product-compliance
Lightning Source LLC
Chambersburg PA
CBHW021430090426
42739CB00009B/1438